健康ライブラリー　イラスト版

AD/HD（注意欠陥／多動性障害）のすべてがわかる本

日本発達障害ネットワーク理事長　市川宏伸［監修］

講談社

まえがき

以前、東京都立梅ヶ丘病院（児童精神科の専門病院）を訪れた患者さんの、受診理由を集計してみたことがあります。その結果、いちばん多かったのは「落ち着きのなさ」、次が「興奮・衝動性《しょうどうせい》」でした。いずれも、この本で解説している「ＡＤ／ＨＤ（注意欠陥《ちゅういけっかん》／多動性障害《たどうせいしょうがい》）」の症状のひとつです。それだけ多くの人が、お子さんの心のトラブルに悩んでいるのです。

ＡＤ／ＨＤという診断名は、ここ数年、急速に広まってきました。テレビや新聞などの報道で「授業中に動き回る子ども」が、よくとりあげられるようになっています。その影響もあって、お子さんの「落ち着きのなさ」を気にする人が増えているのでしょう。

こうした報道をみて、子どもの悩みに敏感になることは、大変よいことです。お子さんの声を聞いてあげてください。

ただ、いたずらに不安を感じる必要はありません。落ち着かない子がみんなＡＤ／ＨＤと診断されるわけではありませんし、診断されたとしても、この障害の経過は、けっして悪くありません。適切な対応をとることで、症状は軽減していきます。

不安を抱えてひとりで悩まず、まずはこの本でＡＤ／ＨＤを理解してください。症状や治療法を正しく知ることで、保護者としてすべきことがみえてくるはずです。それはまた、子どもの生活態度に悩む、学校関係者にも読んでほしい情報です。保護者と先生方が協力しあって、子どもが安心して暮らせる環境をつくっていけば、症状はおさまっていくはずです。

この本が、お子さんを悩みから救い、保護者の不安を解消するための一助になることを願っています。

日本発達障害ネットワーク理事長
市川宏伸

ＡＤ／ＨＤ（注意欠陥／多動性障害）のすべてがわかる本

もくじ

4 困ったときは専門家に相談

5 保護者の役割と教師の役割を知る……79

理解度テスト

ＡＤ／ＨＤのことをどれくらいご存じですか？

授業中に歩き回る子どもは、心の病気にかかっているのでしょうか。ＡＤ／ＨＤの理解度をチェックしましょう。質問に○か×で答えてください。

1

落ち着きのなさの原因は、保護者のしつけ？

2

ＡＤ／ＨＤは病院に行けば治る？

3

勉強が苦手なのもＡＤ／ＨＤのせい？

4

落ち着いているのにＡＤ／ＨＤの子もいる？

5

多動の子は、生まれたときから動き回るもの？

6

薬を飲めば、症状が改善する？

7

しかるときは強く、大声で言う？……

□

8

きょうだいゲンカをさけるため、部屋は別々にする？……

□

9

授業中に騒がないように、席は先生の前がよい？……

□

10

みんなといっしょに遊べないのは、性格が悪いから？……

□

11

ＡＤ／ＨＤの子は、話し方も落ち着かない？……

□

12

ＡＤ／ＨＤは、大人になっても治らない？……

□

←正解と解説は次ページ

正解と解説

1 ×

原因は脳の機能《きのう》不《ふ》全《ぜん》です。保護者のしつけのせいではありません。生活環境の影響はありますが、しつけに責任を感じる必要はありません。→P42

2 ×

病院に行って薬をもらうだけでは、治りません。治すためには、家庭や学校での生活習慣を変えることも大切です。
→P66

3 ×

必ずしもAD/HDが原因とはいいきれません。合併症として学習障《がくしゅうしょう》害《がい》が引き起こされ、2つの障害が重なっていることも考えられます。→P28、P48

4 ○

AD/HD症状のあらわれ方には、さまざまなタイプがあります。なかには、注意力はないものの、走り回ったり騒いだりしない子どももいます。→P44

5 ○

人によって違いがありますが、1歳ごろから元気よく動き回ります。はいはいであちこちに行ってしまい、目が離せない子が多くいます。→P54

6 ○

中枢神経《ちゅうすうしんけい》刺《し》激薬《げきやく》・コンサータを飲むと、落ち着きのなさや不注意が改善します。薬を飲みながら、習慣を少しずつ変えることが、治療になります。→P68

7 ×

大声で怒鳴《どな》ったり、厳しくしかりつけるのはよくありません。落ち着いた声でいい聞かせるようにしましょう。
→P82

8 ×

AD/HDのある子にとって、家族とのコミュニケーションは社会勉強のチャンスです。きょうだいといっしょに過ごせる環境のほうがよいでしょう。→P86

9 ○

後ろの席に座ると、友達の姿がつねにみえるため、興味を引かれて落ち着きがなくなります。注意力低下の原因になることは、さけましょう。→P90

10 ×

性格の問題ではありません。人とコミュニケーションをとることが苦手で、集団生活に不安や恐れを抱いている場合がほとんどです。
→P30

11 ○

AD/HDの症状には、走り回ったり暴れたりすることのほかに、言葉のトラブルがあります。話題が飛んだり、自分勝手に話したりします。→P34

12 ×

AD/HDの経過は、けっして悪くありません。適切な治療を受ければ、症状はじょじょに軽くなり、進学や就職もできます。
→P56

1

あなたがいますぐ できること

「落ち着きのない子どもは、
ＡＤ/ＨＤという心の病気にかかっている」。
テレビや新聞で、そんな話を目にする機会があります。
子どもが動き回ったり、ケンカをくり返してしまい、
ＡＤ/ＨＤが考えられるとき、
保護者はまず、なにをすればよいのでしょうか。

ストーリー

うちの子がAD/HD?

1 我が家は４人家族。夫と私、小学生の長男、幼稚園児の長女で暮らしています。お兄ちゃんはわんぱくで、妹はおとなしい子。対照的なきょうだいです。

2 長男はすぐにケンカをしてしまい、困っています。男の子だから仕方ないとは思うけれど、もう少し我慢《がまん》してくれないかな。

3 ケンカのあとには、相手のところに謝りに行きます。毎週のように続いていて、相手の保護者にあわせる顔がありません。

うん！
ケンカしたり、
暴れたり
しないでね

4 子どもは、ケンカはだめだといい聞かせると、素直に返事をしてくれます。本人も、悪いと思っているみたいです。でも、なかなか直りません。

5 何度しかっても、やっぱりまたキレて、道具やおもちゃを壊してしまう。しかり方が甘いのか、教え方が悪いのか、私にはわからなくなってきました。

6 うちの子どもはひょっとして、心の病気なのかな？そう思ってしまうことがあります。最近、ＡＤ/ＨＤや自《じ》閉症《へいしょう》が多いと聞くし……。

わーい！

落ち着きがない子は心の病気だと、聞いたことがあります。それって、病院に行かなければいけないことなのでしょうか。

知る

AD/HDは、心の病気なんだろうか

「AD/HD」という言葉を、よく耳にするようになりました。落ち着きのない子どもは、心の病気にかかっているのでしょうか。

AD/HDは発達障害のひとつ

心のトラブルには、「心の病気」「発達障害」「心身症」など、さまざまな呼び方があります。実態がわからないまま、言葉だけ聞いていると、不安が増すばかり。言葉の意味を知っておきましょう。

【心の病気】

勉強・仕事のストレスや
人間関係の問題などによって、
強い不安や恐怖を抱き、
生活に支障を
きたしている状態です。

●うつ病
●統合失調症《とうごうしっちょうしょう》

【発達障害《はったつしょうがい》】

なんらかの原因によって、
子どもが年齢相応の
身体や精神の
発達をできない状態です。
心身の障害が一生持続し
生活に支障をきたします。
周囲からサポートを
受ける必要があります。

●AD/HD●自閉症

AD/HDは発達障害。対応によっては問題なく暮らすこともできる

【症状】

病気や障害によって生じる、
心身の異常。
熱や腹痛、吐き気など。
ストレスや不安によって
体に異常が起きることを
「心身症」といいます。

【心のトラブル】

心の病気や発達障害は、
病気か健康かの両極端にわけることは
できません。病気でなくても、
生活に問題が起きることがあります。
この本ではそのような状態を
「心のトラブル」と表現します。

「心の病気」ではなく「発達障害」

子どもはだれでも、落ち着きがないものです。しかし、何度注意してもいうことを聞かず、まわりの人とトラブルを起こす場合は、AD／HDが疑われます。

AD／HDは、脳の機能不全によって起こる発達障害のひとつです。保護者の愛情不足や環境が原因で起こる心の病気ではありません。障害のあらわれ方は、「不注意」「多動性」「衝動性」の三つがあります。人によって症状は異なり、不注意が強かったり、多動性が強いなど、さまざまです。

よく知られるようになったのは最近

AD／HDという名前は、キレやすい子どもが問題となるなかでよく報道され、一般に知られるようになりました。

そのためか、「落ち着きがない」ことを理由に受診する子どもの数は、年々増加しています。

障害のあらわれ方は3通り

AD/HDには、3つの特徴があります。これらに思い当たることがある場合は、症状があるといえます。場合によっては、医師の診断を受ける必要が出てきます。

AD/HD*

attention-deficit/hyperactivity disorderの略で、日本語では「注意欠陥／多動性障害」と訳される。落ち着きがなく、衝動的で、生活に支障をきたしている状態

衝動性

よく考えずに行動しているようにみえる。順番待ちができない。新しいものを目にするとすぐに手を出す

多動性《たどうせい》

静かにしていなければいけないときに、体を動かし、ひとりでしゃべり出す。静止をふりきって走り回る

不注意《ふちゅうい》

こまかいことに注意力が働かない。集中力もとぎれがちで、課題を順をおってこなすことができない。好きなことには熱中できる

＊本書は刊行当時（2006年）のアメリカの診断基準DSM-Ⅳをもとにまとめたものです。その後DSM-5が発表され、AD/HDは「注意欠如・多動症」とも呼ばれるようになりました。また、WHOの診断基準ICD-10では「多動性障害（HD）」と呼びます。

知る

病院に行かなくてはいけないのか

「すぐに病院へ」と考える人もいますが、そこでひと呼吸。冷静に子どもの状態を把握《はあく》することからはじめましょう。

必ずしも行かなくてもよい

子どもの落ち着きのなさや、衝動的な行動で困っている場合、基本的には医師に相談したほうがよいでしょう。ひとりで悩みを抱えこむのは、よくありません。

ただし、この障害は一刻を争うものではありません。まずは、子どもが直面しているトラブルを冷静に把握し、接し方や環境を変えてみるのもひとつの方法です。

AD／HDの症状は、人間関係や生活環境の変化によって、強くあらわれたり、めだたなくなったりします。

治療を受けなくても、接し方や環境を変えただけで、自然に症状が消えたという例もあります。

環境の変化でよくなることも

AD/HDのある子どもを、障害があるか健康かのふた通りにわけることはできません。障害の強さには程度があり、治療が必要な場合もありますが、教育のしかたや生活環境の変化で十分に改善することもあります。

よい教師との出会いで、状況ががらっと変わることもある

子どもの心は成長過程。障害があるといっても、その状態はつねに揺れ動いている

障害の強さは境界線のない「連続体」であり、変動すると考えられている

どんな理由で受診しているか

心のトラブルで病院を訪れる子どもは、年々増えています。来院の理由として多いのは、落ち着きのなさ、興奮・衝動性、言葉の遅れなどです。落ち着きがないという訴えのうち、およそ半数がAD/HDの症状と診断されています。

■受診者の主な症状
（東京都立梅ヶ丘病院2001年度新患統計による）

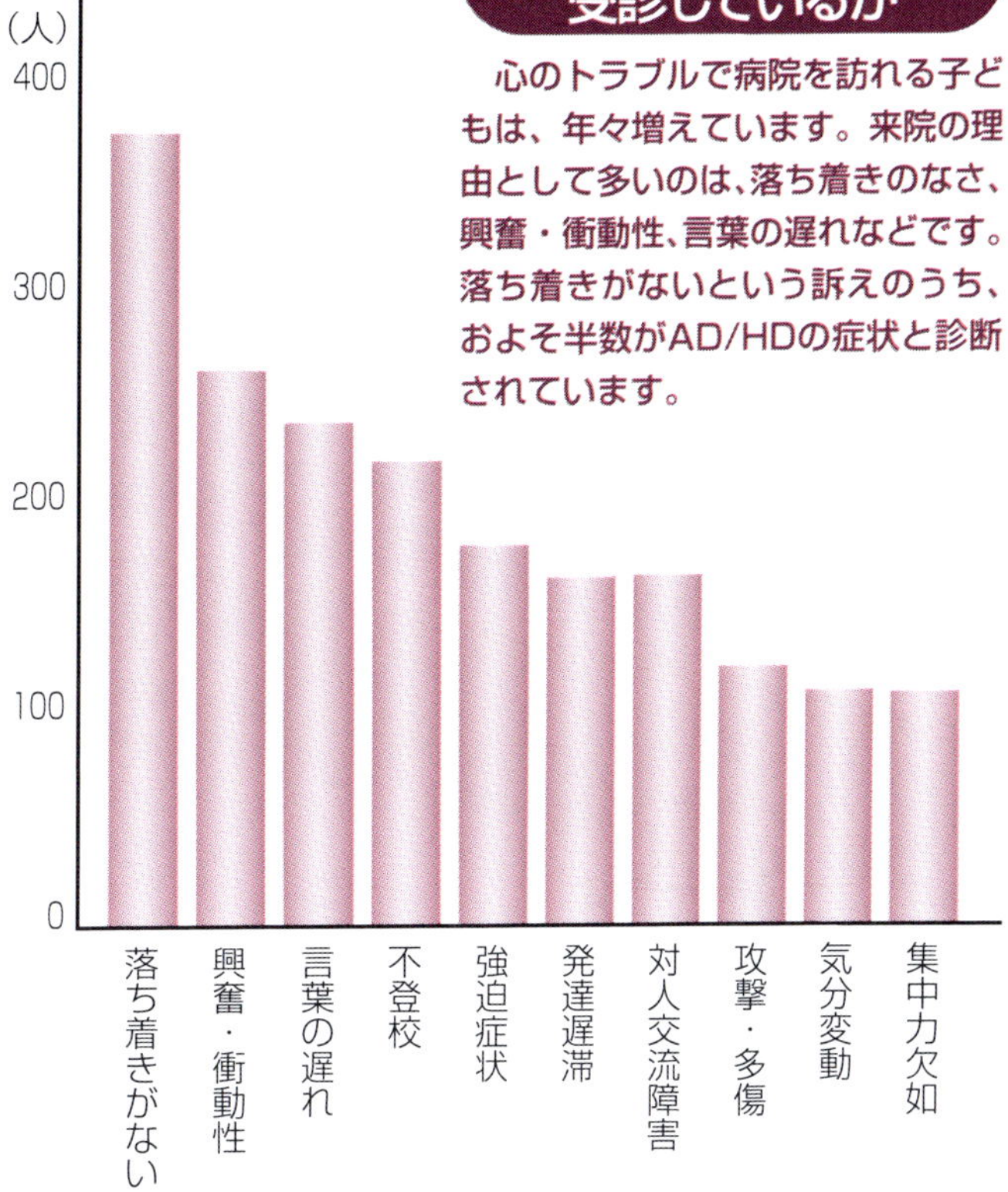

トラブルが続く場合は受診する

子どもが動き回るのが止まらない場合や、幼稚園や学校でトラブルが続く場合は、周囲が対応を変えることを、第一に考えます。それでも半年以上に渡って続くようであれば、医師の診察を受けることも考えます。

しかし、いざ受診するとなると、保護者としてはためらいを感じるでしょう。AD／HDと診断された場合、どんな治療がはじまるのか、先のことを考えて不安になり、尻込《しりご》みするかもしれません。

受診して、AD／HDであるかどうか、診断をはっきりさせるのは、意味のあることです。AD／HDという障害を認識することは、子どもがすこやかに成長していくためのサポート態勢をととのえる、第一歩なのです。

先生との相談で受診の話が出たら？

幼稚園や学校で子どもが問題を起こすたびに、「どんな育て方をしているのか」と非難《ひなん》されるのは、保護者にとってつらいことです。

しかし、感情的になって子どもをしかったり、幼稚園や学校と対立するのはよくありません。

まず、どんな問題が起きているのか、冷静に受け止めてください。そして、幼稚園や学校と協力関係を築きましょう。

そのうえで、話しあいのなかで受診の話が出た場合は、医療機関を訪れてみることも考えるようにしましょう。

話す

本人、周囲に最低限伝えたいこと

AD／HDの子どもは、周囲から孤立《こりつ》し、悩んでいます。この状態を改善するためには、保護者の理解はもちろん、周囲の協力も必要です。

子どもは受け入れてくれる人を待っている

症状のある子どもは、動き回ったり、自分勝手にみえる行動をするたびに、周囲から非難を受けます。そうした体験が重なると、自信を失い、ストレスをためこんで、精神的に不安定になってしまいます。

突発的《とっぱつてき》な言動

授業中に大声でしゃべったり、友達とケンカをしたりして、トラブルを起こす

周囲の無理解が、問題を悪化させる

しかられる

トラブルのもとになったと叱責され、自己表現やのびのびとした言動を否定される

自信喪失、ストレス

話すことへの自信を失う。他の人と自分をくらべて、ストレスを感じ、症状が強まる

周囲の理解

どうして大声を出したり、暴れたりするのか、自分の気持ちを周囲に理解されると、精神的に少し落ち着く

子どもの言動を頭ごなしにしかりつけず、訴えに耳をかたむける

本人は劣等感《れっとうかん》を抱いている

ＡＤ／ＨＤの子どもの多くは、「わがままな子」と非難されたり、たびたびしかられることによって、劣等感を抱きがちです。そうした子どもの気持ちをよく理解し、受け止めてあげましょう。

診断名を本人に告知するかどうかは、子どもの年齢や理解力、性格を考えて判断します。自分が苦しんでいた理由がわかり、ほっとする子もいれば、落ちこんでしまう子もいます。

周囲の人は誤解している

ＡＤ／ＨＤの子どもは、幼稚園や学校からも誤解されがちです。集団行動が苦手なために、問題児扱いされたり、仲間はずれになることも、少なくありません。

保育士や教師、友達の保護者などにも、ＡＤ／ＨＤであることを理解してもらい、協力関係を築くことが大切です。

大人は誤解をとく必要がある

トラブルがたえない原因はなにか、大人同士で話しあい、考えることが大事です。保護者の視点と教師の視点でくい違いがあったり、互いに責任をおしつけていると、子どもの苦しみはいつまでも続いてしまいます。

先生がしかりすぎなのでは？

保育園、学校になじめないのかな？

緊張しやすい性格なのかも？

家でのしつけが悪いのでは？

他の子と同じようにできるはず！

甘やかさずにしかるべきかな？

保護者と保育士・教師が、情報を共有して信頼しあえば、子どもをとりまく環境が変わる

変える

考え方を変えて、よい面をみる

ＡＤ／ＨＤはまったく手立てのない障害ではありません。考え方を変えれば、子どものよい面もたくさんみえてきます。

考え方を変える

発達障害が疑われるとき、障害だと思って悲観的な考え方をすると、精神的な負担がより増えます。問題を別の側面からみることで、状況はずいぶんと変わるものです。

はきはきとあいさつできるのは、認めてのばしていきたいところ

集団行動ができない

がまんできない

暴れる

落ち着きがない

大声をあげる

注意力がない

悪くみえる行動でも、見方を変えると、よい面がみえてくる

元気がある

自分らしさをもっている

体力がある

大きな声であいさつできる

子どもらしい性格

新しいものに興味を示す

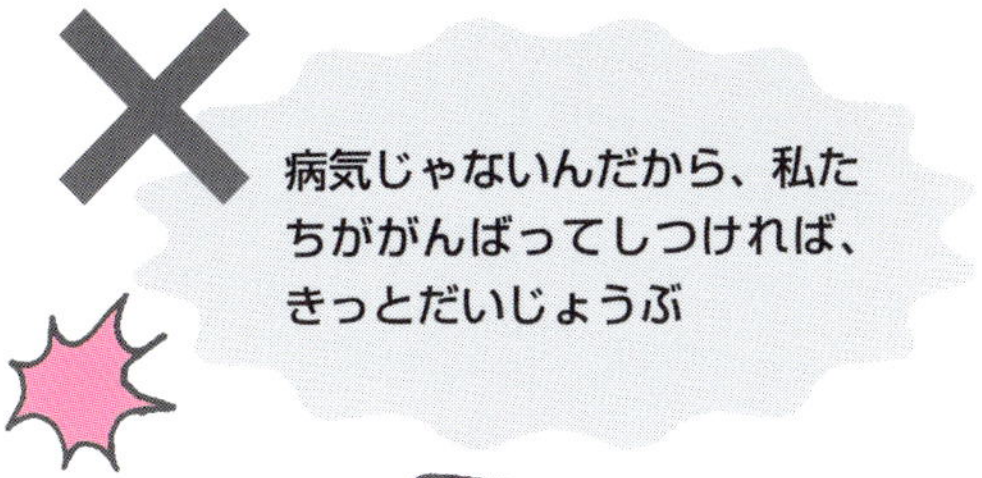
×
病気じゃないんだから、私たちががんばってしつければ、きっとだいじょうぶ

よくない面もきちんと認識する

悪いことばかりを考えて落ちこむのも問題ですが、楽観的に考えすぎるのもトラブルのもとです。子どもの障害の程度に目をむけて、正しいがんばり方を模索していきましょう。

自分の考え方が、子どもの性質にあっているかどうか、確認して
○
病気ではないけど、子どもの性格や特徴をつかんで、きちんと育てていかなくちゃ
漠然とがんばるのではなく、よい面とよくない面を見て、接し方を考える

考え方はいますぐにでも変えられる

ＡＤ／ＨＤは、保護者が厳しくしつけたり、しかったりしても、よくなりません。むしろ、しかられ続ければ子どもは自信を失い、心によくない影響が出ます。

それでもついしかりたくなったときは、考え方を変えてみるとよいでしょう。

「落ち着きのなさ」は「エネルギッシュで元気」、「衝動的な性格」は「反応がはやい」などと考えれば、別の一面がみえてきます。

子どもの悪い面ばかりをみないようにする

ＡＤ／ＨＤの子どもにかぎらず、子育ての基本は「ほめて育てる」ことです。

よい面は認めてのばし、悪い面は克服《こくふく》できるように、勇気づけてあげましょう。そうすることで、子どもは自信を回復し、少しずつ社会に適応していく方法を身につけていきます。

変える

運動、家事の手伝いなど習慣を変える

症状の重さは、人間関係や生活環境から影響を受けています。周囲にAD／HDを悪化させる要素がないか、見直しましょう。

悪い面を増幅させる習慣があったら正す

AD／HDの子どもにとってよくない生活習慣とは、過保護な環境や、視覚《しかく》以外の情報が少ない環境での生活です。

長時間、テレビの前ですごし、人と話したり、遊んだりすることがなく、身のまわりのことも保護者がやってくれるような生活は、改善しましょう。

反対に、体を動かし、人とよく会話をし、五感をみがく生活は、脳機能の成熟をうながします。たとえば、違う動きを同時におこなうような協調運動が上手になった子は、注意力が上がり、感情をコントロールできるようになる場合もあることが知られています。

増やすこと

- 会話
- 文字を読む
- 家事を手伝う
- 運動時間
- 友達づきあい　など

減らすこと

- テレビをみすぎる
- パソコンを使いすぎる
- 世話のやきすぎ
- 危険な道具・家具
- 注意をひくもの　など

自分でできることを増やしていく

発達障害とは、文字通り、子どもの発達に関する障害です。すこやかに成長できる環境をととのえれば、障害は少しずつ軽減していきます。子どもが自信をつけられるような環境をつくりましょう。

自分で片づけることを、少しずつ覚えていけるようにする

友達との遊びはどうする？

AD/HDの子どもは、友達と遊ぶときに騒いでしまうことが多く、周囲から煙たがられます。しかし、だからといって、人と接する機会をさけるのはよくありません。友達と交流できるよう、サポートしましょう。

友達と仲良くできないからといって、ひとりで遊ばせるのはよくない

はげしく動き回って、周囲から浮いた存在になってしまいがち

できるだけ多くの場所や出会いを経験させることが大事。最初はいやがるかもしれないが、将来のために必要なこと

AD/HDが虐待にむすびつく？

AD/HDのある子どもは、一般的な生活習慣を、すぐには受け入れられません。静かにしなければいけない状況で走り回ったり、騒いだりしてしまいます。

保護者が障害のことを知らない場合、子どものそうした姿は、ききわけのないふるまいにみえるかもしれません。

そのような誤解がつのると、保護者としての対処に困って、子どもを強くしかりつけ、傷つけてしまう可能性があります。最近では、発達障害への誤解が幼児虐待の一因にもなっています。

発達障害を正しく理解して、子どもの苦しみに気づけるようになりましょう。

●愛情不足に陥ることがある

何度いっても同じトラブルが続くと、しつけや愛し方に自信を失い、愛情不足に陥ってしまいます。

●しつけがエスカレートする

ふつうに話しても聞かない場合に、大声でしかったり、手を出してしまう人もいます。それは絶対にさけてください。

COLUMN

不登校になるのも、AD/HDのせい？

必ずしもそうとはいえない

心のトラブルの受診理由として、「落ち着きのなさ」や「衝動性」などの他に、「不登校」の悩みもあります。それもＡＤ／ＨＤの症状のひとつだと考えている人が、多いようです。

ＡＤ／ＨＤのある子は、友達とコミュニケーションをとることが苦手で、学校生活でトラブルを起こすことが少なくありません。そのため、自信を失い、学校に行きたがらないことがあります。

しかし、それはＡＤ／ＨＤの症状ではなく、二次的なトラブルです。また、学校の環境など、他の原因がある場合も考えられます。

一因にはなるので、注意が必要

ＡＤ／ＨＤと関連する症状のなかで、不登校とつながることのひとつが「学習障害」でしょう。ＡＤ／ＨＤの合併症《がっぺいしょう》です。学習面がうまくいかないと、子どもにとって学校は、居心地のよい場所ではなくなります。また、不注意の症状から自信を失い、不登校になる子も増えています。子どもが学校生活そのものを否定しないよう、家で復習するのを手伝ったり、話しかけてあげてください。

特別支援学級などを利用してみる

ただし、家族の力だけでは限界があります。また、どれだけサポートをしても、どうしても行きたがらないこともあるでしょう。

そういった場合は、保健の先生やスクールカウンセラーに相談したり、特別支援学級《とくべつしえんがっきゅう》（九六ページ参照）を利用することが解決のきっかけになります。通常授業への参加と並行して、別の選択肢にも目をむけましょう。行きやすいところに足を運ぶことからはじめて、状況が改善したら、通常授業に専念するようにします。

2

気づいてあげたい、悩みのサイン

子どもが授業中に走り回ったり、
自分勝手に行動して、まわりに迷惑をかけても、
頭ごなしにしかりつけるのはよくありません。
悪気があってやっているわけではなく、
本人も悩み、苦しんでいます。
子どもの声にもう一度、耳をかたむけてください。

ストーリー

学校に行くと、トラブル続き

1 本を読んで、うちの子にはＡＤ／ＨＤの傾向があるのかな、と思うようになりました。でも、病気ではないみたいだし、しばらく様子をみています。

RRR…

2 病気じゃないとはいっても、困ることはけっこうあります。外出先で暴れたり、学校で体調をくずしたり、うちの子は、なにかと不安定なようです。

また気持ち悪くなってしまったみたいで……
えっ！

3 とくに、学校でのトラブルが多いんです。授業中に立ち歩いたり、騒いだりして、先生から私が呼び出されることもしばしばあります。

4 私の目が届くところにいるときはいいけれど、なにもかもみてあげることはできません。学校、習い事、友達づきあいをうまくやっていけるのか、不安です。

5 子どもの自由を制限したくはないと思っています。でも、本当によくないことは、止めなきゃいけない。ＡＤ/ＨＤについて、もっとよく知りたいです。

ＡＤ/ＨＤの兆候を示すサインって、どんなこと？　子どものどんな行動に気づいてあげればいいのかな。どう対処すればいいんだろう。

サイン

授業中、じっとしていられない

ＡＤ／ＨＤの症状として、よく知られているのが「落ち着きのなさ」です。とくに授業中は、トラブルが起こりやすくなります。

多動のもっともめだつ特徴

ＡＤ／ＨＤの症状である「落ち着きのなさ」は、いつもあらわれるわけではなく、新しい場所や不慣れな場所、刺激の多い場所で起こりやすいのが特徴です。

とくに授業中は、行動を制限されるため、小学校に入ったばかりのときは、もっともトラブルがめだつといえるでしょう。

授業中、勝手に席を立って歩き回ったり、その場に関係のない発言をすることがめだちます。また、そわそわと姿勢を変え、じっと座っていられない子もいます。こうした症状は、周囲の人にとって困ったものですが、本人にとっても、悩みのサインなのです。

サイン　**おとなしく座っていられない**

子どものうちはだれだって、落ち着きがなかったり、忍耐力がなかったりするものです。ただ、そうした活発な行動がいつもあり、いくつになっても続くのであれば、AD/HDの傾向があるかもしれません。

友達にちょっかいを出すことが毎日続いて、学校から注意を受けるようだと問題に

保護者・先生向け チェックリスト

- □授業中に立ち歩く
- □自分勝手に話し出す
- □座る姿勢が悪い
- □座りながら手足を動かす
- □他の子にちょっかいを出す
- □順番を待てない

※学校や幼稚園での子どもの様子について、あてはまるところに印をつけてください。印が多い場合は、左ページの対応をとりましょう

原因　多動性、衝動性が強い

「落ち着きのなさ」の背景には、多動性や衝動性の強さがあります。自分の行動をコントロールするのが苦手で、注意されてもなかなか改善できず、本人も悩んでいるはずです。

多動性
文字通り、活動が極端に多いこと。がまんすることを覚えられない

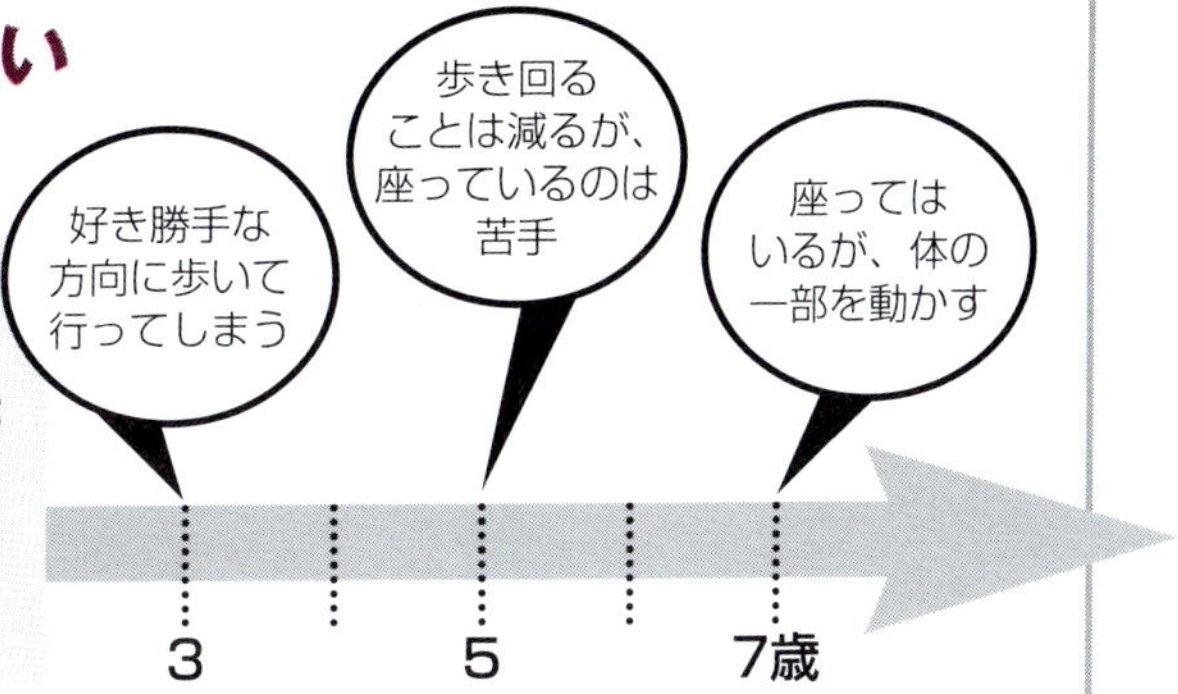

好き勝手な方向に歩いて行ってしまう
歩き回ることは減るが、座っているのは苦手
座ってはいるが、体の一部を動かす
3
5
7歳

対応　ほめることで、子どもの忍耐力を引き出す

多動をおさえる方法のひとつが、タイミングよくほめることです。子どもは落ち着きがないことを強く注意されると、より緊張して、平静でいられなくなります。本当にいけないことは注意すべきですが、ふだんとくらべて少しでもよくできたら、ほめるようにしましょう。

✕ 動くたびにしかりつける。「体を動かしてはだめでしょう！」と子どもを否定する言葉を使う

↑ 多動性・衝動性

↓ 多動性・衝動性

多動性・衝動性がおさまるか、ふくれあがるかは、ほめ方しだい

○ おとなしくしていられたときに、ほめる。「いつもより静かにしていられたね」と肯定する

よい面を引き出すつもりで接する。学校と家庭で相談して、一貫したほめ方をする

サイン

すごく苦手な教科がある

ＡＤ／ＨＤの子どものなかには、授業についていけない子がいます。各教科の成績にばらつきがあるのが特徴で、原因はいくつか考えられます。

サイン　得意と苦手の差がはげしい

　得意教科や苦手教科は、あって当たり前です。それは問題ではありません。心配なのは、極端に苦手な教科があってそれがめだったり、急に苦手になる教科が出てきたりする場合です。

小学1年生のころは勉強が得意だったのに、4年生になったら急にわからなくなってしまった

保護者・先生向け チェックリスト

- □国語や算数など、一部の教科が苦手
- □長い文章をうまく書けない
- □興味のない問題には答えない
- □文字を正しく読めないことが多い
- □忘れ物が多い、宿題を忘れる
- □先生の話をノートにとれない

※家庭や学校、幼稚園での子どもの様子について、あてはまるところに印をつけてください。印が多い場合は、左ページの対応をとりましょう

何度教えてもできない教科がある

　小学校中学年くらいになって、成績の悪さがめだってくる場合があります。

　原因はいくつかありますが、多くは、ＬＤ（学習障害）を合併している場合です。その場合の特徴は、作文や計算が苦手で、何度教えてもできません。文章が理解できない子は、すべての教科に支障をきたしますが、計算が苦手な子は、算数だけが苦手で、得意な教科との差が大きくなります。

　学習面のトラブルには、不注意の症状や、自己評価の低さも影響しています。うまくいかないために学習意欲がもてず、悪循環にはまって、本人も困っています。

原因　不注意と学習障害が関係する

学習面の心配ごとがある場合、学習障害の可能性が考えられます。AD/HDと合併することが多い障害です。言葉の読み書きをする力や、計算能力が身につかず、進級すると、だんだんと問題になってきます。

不注意
AD/HDの症状。注意力が低下する。勉強に集中できず、学習障害の問題をより深刻にする要素となってしまう

学習障害
脳の機能などになんらかの異常があり、学習することが難しい。身体的には異常がないため、勉強不足と誤解される場合がある

対応　図や色を使って、基礎から教える

学習能力や注意力に問題があっても、図や色を使って、工夫して教えれば、読み書きも計算も、少しずつ身についていきます。他の人とまったく同じ勉強をさせなくてもかまいません。できるところまで、力を伸ばしましょう。

読み飛ばしやすい文字に色をつけたり、図を使ったりして、注意力が働きやすい状況で学習する

○ 道具をうまく使って、読み書きや計算のやり方を教えていく。基礎からはじめるとよい

× 他の人とくらべたり、同じことを求めたりする。反省して、自分で考えることを要求する

サイン

みんなといっしょに遊べない

友達と遊ぶ年齢になっても、友達の輪に入っていけないのは、ＡＤ／ＨＤ症状のひとつのあらわれかもしれません。

友達のなかで浮いてしまう

通常、子どもは三歳ごろになると、友達と遊ぶことが多くなります。しかし、ＡＤ／ＨＤのある子どもは、友達のなかで浮いてしまいがちです。

ＡＤ／ＨＤの子どもは、好きなこと、興味のあることに夢中になりすぎて、周囲の子どもといっしょに遊べないことがあります。

また、衝動をおさえることが苦手なために、友達のおもちゃをとりあげる、乱暴な行動をとるなどのトラブルもたえません。

そういった行動を続けると、周囲から浮いた存在として扱われ、疎外感をもったり、不安を感じることになりがちです。

サイン 集団行動ができない

社交的な子もいれば、シャイな子もいます。性格は人それぞれです。大勢と仲良くするのが苦手なのは、仕方ありません。しかし、あまりにも動き回りすぎて、仲良くできない場合は、みすごさないでください。

周囲にあわせられず、友達からさけられてしまう

保護者・先生向け チェックリスト

- □大勢のなかで浮いてしまう
- □ひとりで動き回る
- □集団行動をできない
- □友達に乱暴をすることがある

※学校や幼稚園での子どもの様子について、あてはまるところに印をつけてください。印が多い場合は、左ページの対応をとりましょう

原因　発達障害に心理的な障害が重なる

AD/HDの症状がある子どもは、我慢ができず、衝動的な行動をとってしまうため、周囲からつきあいを敬遠されがちです。そのようなもともとの症状に、失敗体験が重なると、だんだん人づきあいが苦手になっていきます。

失望や挫折から、心理的な障害を併発している場合もある

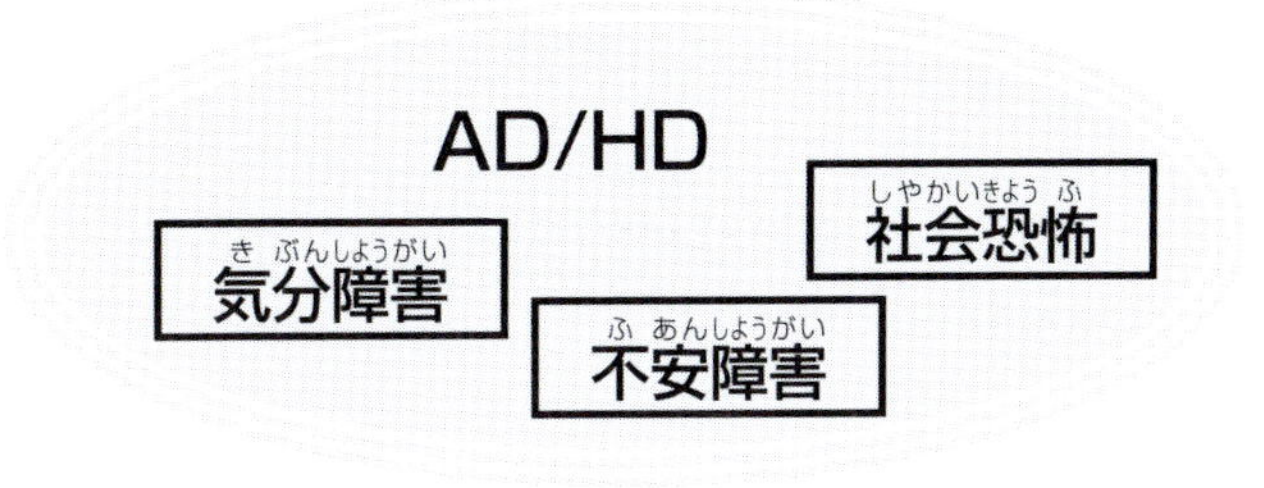

対応　不安、疎外感《そがいかん》をとりのぞく

集団行動をできない子は、動き回るのが悪いことだとわからず、どこを直せばよいのか理解できていません。それが続くと、不安や疎外感を招きます。友達とのつきあい方を教えましょう。

相手の気持ちを考えれば、みんな仲良くしてくれると教える。手をとって、友達の輪に入るきっかけをつくってあげるとよい

○ 「だいじょうぶ」といって、子どもを安心させる。周囲の子や家族にも説明して理解をえる

× 「仲良くできて当たり前なのに、なぜできないの？」と考えて、子どもの責任にする

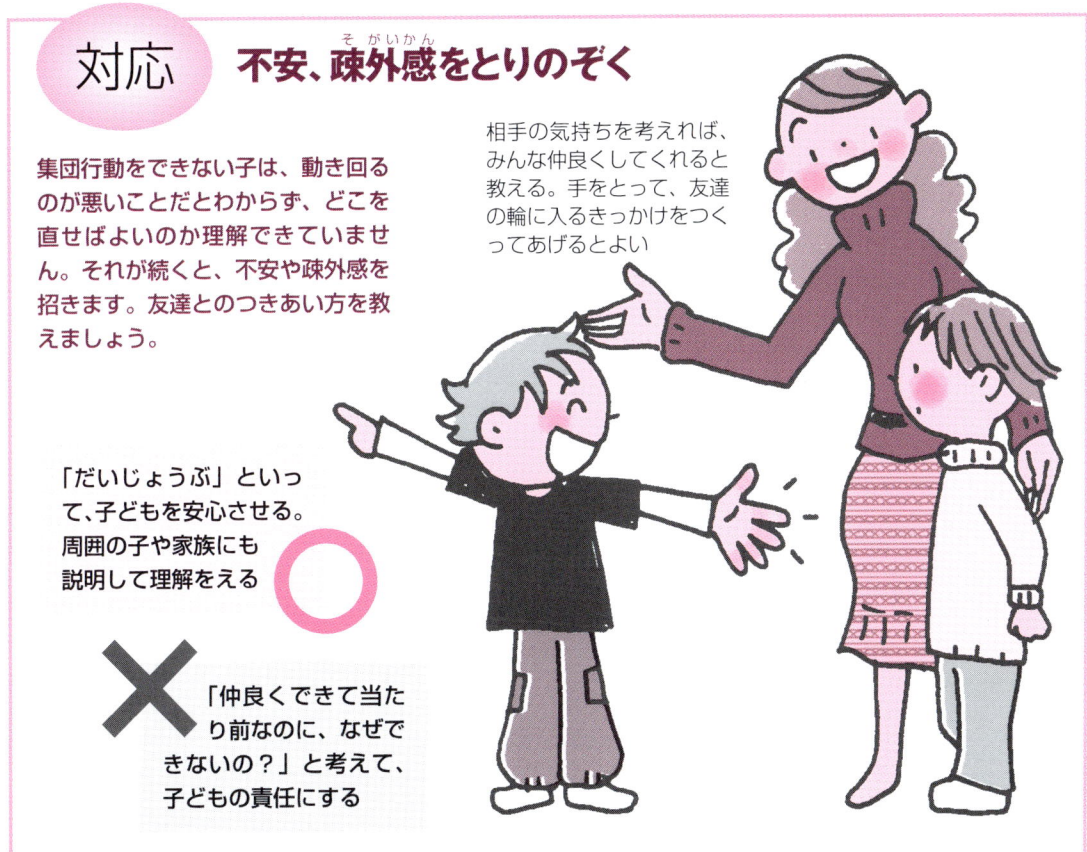

家でも外でも、ケガがたえない

幼児期の子どもは、程度の差こそあれ、みんなやんちゃです。しかし、小学生になってもケガが多いのは、問題かもしれません。

サイン　注意力がなく、ケガをしやすい

AD/HDのある子は、走り回ったり、暴れたりして、自分の体を危険にさらしてしまいます。元気なのはよいことですが、深刻なケガを招かないよう、予防策を考えなければいけません。

ぶつかってから止めるのでは遅い。室内で全力疾走しないよう止めたい

保護者・先生向け チェックリスト

- □争いごとがあると、手が出る
- □危険をかえりみず、あちこち歩き回る
- □運動中のケガが多い
- □平らな道でもひんぱんに転ぶ

※家庭や学校、幼稚園での子どもの様子について、あてはまるところに印をつけてください。印が多い場合は、左ページの対応をとりましょう

ケガの多さには原因がある

ＡＤ／ＨＤのある子どもは、保護者の制止を聞かず、衝動的に行きたいところへ行ってしまう傾向があります。注意力がなく、危険から身を守ることが苦手なために、ケガや事故などの危険ととなりあわせです。

また、動きがぎこちない子が多く、よく転んだり、遊具から転落することも珍しくありません。友達とうまくつきあえず、ケンカをしてケガをする子もいます。

子ども自身も、ケガをしたくないと思いながら、衝動的な行動を止められずに悩んでいます。保護者はそれを理解し、根気よく教えていきましょう。

原因　行動をコントロールできていない

ＡＤ/ＨＤのある子どもは自制するのが苦手です。行動範囲は広く、注意力には欠けるため、ケガをしやすい行動パターンになりがちです。また、運動が苦手な子も多く（50ページ参照）、それもケガの一因になります。

自転車にうまく乗れない場合がある。それに気づかずにいると、ケガの原因に

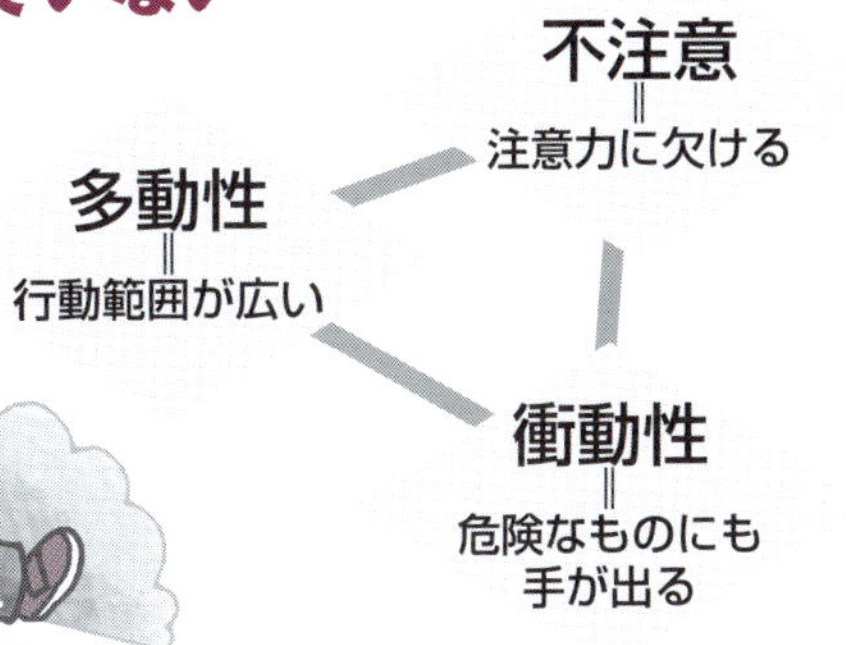

不注意
注意力に欠ける
多動性
行動範囲が広い
衝動性
危険なものにも手が出る

3つの要素がからみあって、ケガを誘発する

対応　無理に制限せず、少しずつ教えていく

走り回って危険なのは心配ですが、かといって、家に閉じこめておけば安全なのかというと、もちろん違います。最初は危険でも、体験して覚えていけば、自分の身を守る術《すべ》になります。経験をつませて、少しずつ教えていきましょう。

✕ 危険をさけ、安全な環境にいさせる。危険を察知《さっち》する能力や、それをさける力が育たず、不安が残る

信号で待つこと、車道が危険なことなどは、きちんと知らなければ命にかかわる

○ 道路への飛び出しや刃物の扱いなど、本当に危険なことは、きちんと教えておく

サイン

言葉の意味をうまく理解できない

話題がとんだり、きちんと筋道《すじみち》を立てて説明することができず、話すことが苦手な子どもがいます。これも、AD／HD症状のひとつです。

話し言葉に気になる点がある

AD／HDのある子どもが抱える言葉の問題は、年齢によって少しずつ異なります。

幼児期で多いのは、行動だけでなく、言葉にもとっぴさがめだつことです。脈絡《みゃくらく》もなく話題がころころ変わったり、相手のいうことを聞かず、自分のいいたいことだけ話すため、会話ができません。

小学校に入ると、ふつうに会話をしますが、なにかについて説明を求めると、筋道を立てて相手に伝えることができず、まとまりのない話し方をします。

さらに年長では、話すことの苦手意識や自信のなさから、急に口数が少なくなる子がいます。

サイン　話がとび、うまく説明できない

よくしゃべるけれど、話がうまくつうじない。それがAD/HDのある子どもの特徴です。コミュニケーションすべてができないわけではなく、人の話を理解することはでき、おしゃべりをしたいという欲求ももつため、サインに気づかないことがあります。

いいたいことがたくさんあって話題がとび、周囲に理解されない

保護者・先生向け チェックリスト

- □話題がとびとびになる
- □自分だけ話して、人の話を聞かない
- □ときおり、吃音《きつおん》がある
- □細かい説明ができない
- □気持ちを表現できず、誤解される
- □小学校に入ってから無口になった

※家庭や学校、幼稚園での子どもの様子について、あてはまるところに印をつけてください。印が多い場合は、左ページの対応をとりましょう

原因　コミュニケーション障害が自信喪失を招いている

AD/HDの合併症として、言語能力に問題が出ることがあります。自分の気持ちを伝えることが上手ではなく、それゆえに誤解を招いて孤立します。対話をする自信を失い、人間関係の悩みにつながります。

注意力の欠如や衝動性の強さも、周囲の反発を招く原因に

言葉のトラブル
いいたいことを言葉でうまく表現することができない

周囲との衝突
理解をえられないことから、周囲に不満をぶつけてしまう

自信喪失
問題児のレッテルをはられ、友達ができずに悩む

新たなトラブル
ひとりぼっちになり、学校に行くこと自体を悩んでしまう

コミュニケーションの障害が、人間関係の悩みを引き起こす

対応　話しやすい環境をつくる

周囲と衝突しはじめた時点で、子どもの不満を受け止めてあげましょう。話し方を変えれば誤解がとけることを説明します。一方的な話し方をせず、ゆっくり、少しずつ話すことを教えます。

まずは、不満を抱えて悩んでいる子どもの話を聞こう。心の奥底にたまった戸惑いを受け止めてあげて

サイン

しかられると、暴れていやがる

「反抗的」「キレやすい」といわれて問題児扱いされている場合、性格の問題ではなく、AD／HDの影響が考えられます。

サイン　カッとしやすく、反抗的にみえる

先生や友達に対してキレやすい子どもは、手のつけられない問題児と考えられ、まわりの人から距離をおかれてしまいます。先生も対応に困りますが、本人も悩み苦しんでいます。

衝動的に教室を飛び出して、周囲を困らせてしまうことがある

保護者・先生向け チェックリスト

- □すぐに暴れてしまう
- □考えるより先に行動をする
- □かんしゃくもちと評価されている
- □まわりと違うことをやりたがる
- □しかられると反発する
- □いやなことがあると逃げ出す

※家庭や学校、幼稚園での子どもの様子について、あてはまるところに印をつけてください。印が多い場合は、左ページの対応をとりましょう

キレやすく、問題児扱いされる

教師にしかられたり、いやなことがあると、感情をコントロールできず、暴言をはいたり、暴れたりする子どもがいます。

何度注意してもなかなか直らず、幼稚園や学校では問題児扱いされることも、少なくありません。また、友達のからかいや、いじめの対象になることもあります。

こうした状況のなかで、子ども自身は孤立し、なぜ自分はこうなってしまうのか、苦しむようになります。

人によっては、ますます疎外感をもち、反抗的な行動をとる「反《はん》抗《こう》挑《ちょう》戦《せん》性《せい》障害《しょうがい》」を引き起こす可能性もあります。

原因　衝動性に、反抗的な精神状態も重なっている

AD/HDの特徴のひとつに衝動性の強さがありますが、さらに合併症として、反抗的な心理が加わることがあります。大人の注意にしたがわず、反論したり、拒否したりして、周囲には問題児とみえる行動を起こしてしまいます。

衝動性
AD/HDの症状。かんしゃくを起こしやすいことの原因になる。注意をくり返されることによって、よりキレやすくなる場合がある

＋

反抗挑戦性障害
合併症。AD/HDの過半数にみられるという報告もある。10歳未満で、大人に対して反発する。挑戦的、反抗的な態度をとるが、反社会的な行動はしない

対応　感情的にならず、落ち着いてしかる

もっともよくない対応は、子どもに対して、保護者や教師が感情的に反応することです。お互いに反発しあっていたら、問題は解決しません。また、子どもが反抗的だと決めつけることも、さけてください。本人も逆らいたくてやっているのではありません。

○ 子どもの態度自体は問題にせず、話を聞くのはよいこと、さけんで反抗するのは悪いことと、論理的に説明する

× 反抗したことをとがめ、感情的にしかりつける。力ずくでしたがわせようとすると、かえって反発を招いてしまう

「暴れるな！」といえばいうほど、暴れてしまうもの。落ち着いて考えよう

COLUMN

AD/HDは学級崩壊《がっきゅうほうかい》と関係がある?

学級崩壊はＡＤ／ＨＤのある子が引き起こす？

「ＡＤ／ＨＤは、学級崩壊の原因になる」という考え方をする人がいます。症状のある子どもが決まりを守らずに騒ぐと、まわりの子に悪影響を与えるのだという考えです。

こうした考え方は、ＡＤ／ＨＤの一面を過剰にとりあげたものです。ＡＤ／ＨＤの症状が他の子どもに影響することは事実ですが、それだけで学級崩壊が起きるようなことはありません。

授業が成り立たなくなったり、クラスの間でトラブルが続出するときには、さまざまな原因がからみあっているはずです。

トラブルの原因はクラス全体にあるはず

学級崩壊は、だれかひとりの子どもが引き起こす問題ではありません。原因はクラス全体、社会全体にあります。

何人もの子どもが騒ぎ、問題を起こしているのに、ひとりに責任を負わせるのは、一面的な見方にもとづく考えです。学級崩壊のように複雑な問題を解決するためには、もっと多面的な考え方をする必要があります。

誤解が子どもを苦しめている

こうした考え方が広まってしまうと、ＡＤ／ＨＤのある子どもが不当な扱いを受けることになります。他の生徒の保護者から非難を受けたり、通常学級からはずれるよう求められることも、実際に起きています。

誤解をもとに無用な衝突を起こさないよう、周囲に正しい情報を伝えましょう。必要に応じて、医師や教師をまじえて、保護者間での話しあいをもうけることも考えてください。

大切なのは、子どもに理不尽な被害を与えないことです。

3

AD/HDを正しく理解しよう

ＡＤ/ＨＤ、発達障害という名称から、
一生治らない障害をイメージして
しまうかもしれません。
それは、誤解です。
ＡＤ/ＨＤは、脳の一部の機能不全であり、
適切な対処をすれば、改善する可能性があります。

ストーリー

原因は、しつけが悪かったから?

この問題をもう1回、やってみようか

1 子どもの性格や悩みが、少しずつわかってきました。私は、子どもときちんと接することができるようになってきました。

2 でも、周囲の理解をえるのは簡単ではありません。近所のお母さんたちと話をしていると、どうも疎外感を感じます。

3 祖父母や親戚にいろいろと説明をしてみたけれど、親身になってくれません。まわりは距離をおきたいと思っているようです。

大変よねえ

ちゃんとしかってないんじゃない？

4 なかには、私のしつけが悪いっていう人もいます。自分では厳しくしつけているつもりですが、だんだん自信がなくなってきました……。

無茶なこといわないの

5 やっぱり私の育て方にも、なにか問題があるのかな。もっと大きな声でしかったり、無理矢理にでも止めたりしないと、いけないんでしょうか。

6 ＡＤ/ＨＤの本当の原因ってなに？　私が悪いの？　私のどこを直せば、子どもとよい関係をむすぶことができるんでしょう。

だれに相談すればいいの？

ＡＤ/ＨＤの原因を知りたい。自分を納得させるためにも、周囲にきちんと説明するためにも、本当のことをくわしく知りたいんです。

原因

主な原因は脳の機能障害

ＡＤ／ＨＤの主な原因は、脳の機能障害です。それに、生活環境などの影響が加わって、症状が形づくられます。

心のトラブルは脳のトラブル

発達障害や精神疾患などが起きる背景には、脳の異常があると考えられています。脳のどんな異常がＡＤ/ＨＤと関係しているか、その全貌まではわかっていませんが、研究が進められ、さまざまな対処法がみつかっています。

前頭葉《ぜんとうよう》

脳表面を覆う大脳のうち、おでこ側の部分。脳全体の働きを制御している。考えや記憶をまとめたり、感情をコントロールする機能がある

●注意力低下の一因？

●衝動性の強さに関係？

脳のどこに
どんな異常があるか、
詳細はわかっていない

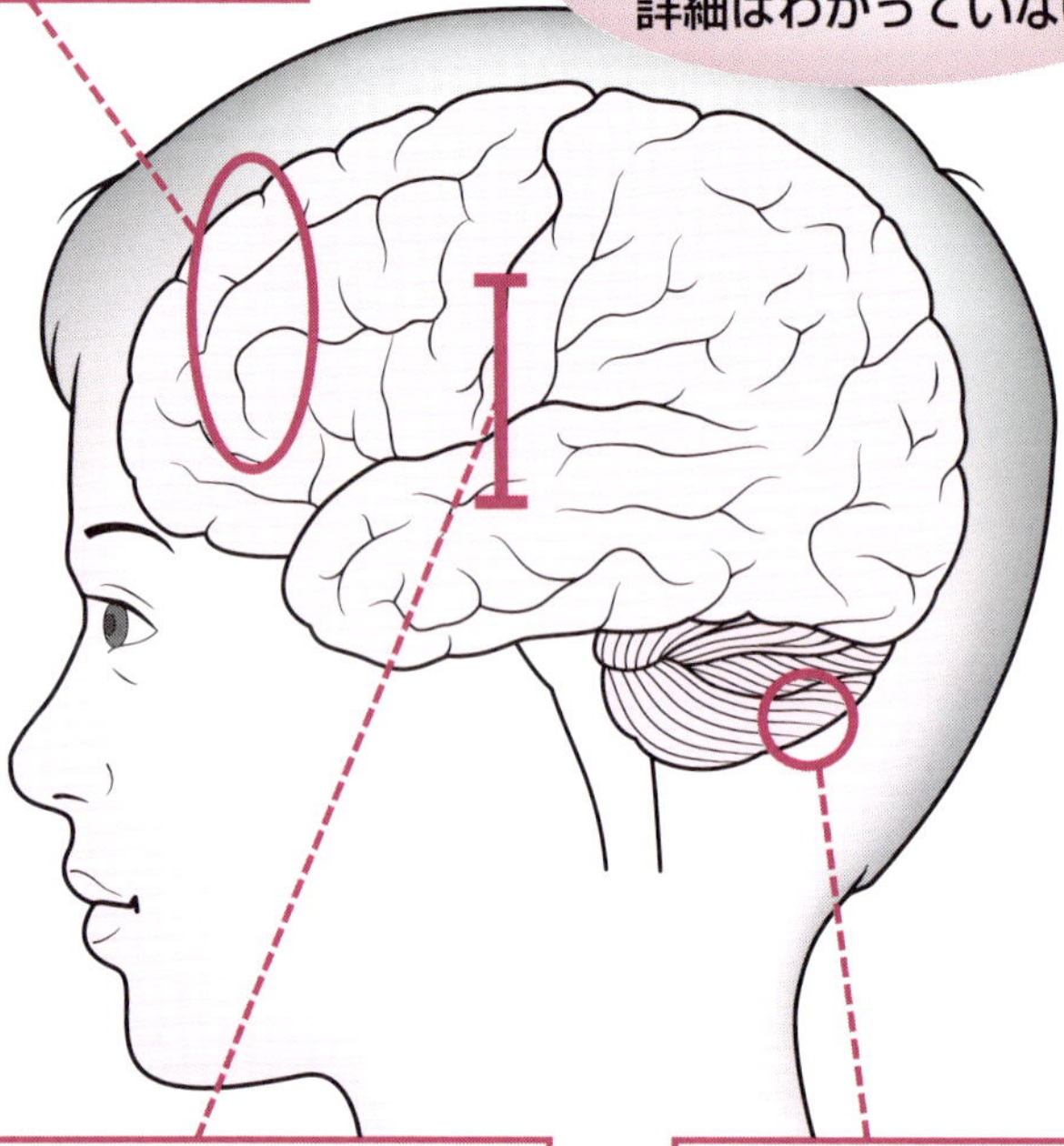

大脳基底核《だいのうきていかく》

大脳の内側部分。扁桃体《へんとうたい》や尾状核《びじょうかく》、淡蒼球《たんそうきゅう》などからなる。行動のコントロールに関係するとの報告がある

●行動のコントロールに関係？

小脳《しょうのう》

大脳の下に位置する部分。平衡中枢《へいこうちゅうすう》や筋感覚の働きに関係している

●運動能力に関係？

脳の一部に機能不全がある

AD／HDの原因である脳の機能障害は、胎児《たいじ》のときから生後一歳半くらいまでの間に起こると考えられています。

脳の形や働きをみてみると、AD／HDの人は、前頭葉、大脳基底核、小脳が小さいという報告や、前頭葉の働きが活発ではないという報告があります。こうした障害がなぜ起こるのかは不明です。

最近では、神経伝達物質《しんけいでんたつぶっしつ》であるドーパミンやノルアドレナリンなどの受容体や、再とりこみにかかわる遺伝子に異常があるのではないかと指摘されています。

他にもさまざまな要素がかかわっている

また、AD／HDの症状は、生まれながらの脳の機能障害だけで決まるわけではありません。保護者の養育態度やきょうだいとの人間関係、生活環境など、後天的な要素が影響を与えています。

育つ環境も影響している

生まれながら、脳に異常があったとしても、それが必ず障害にむすびつくとはかぎりません。子どもの育て方や生活環境、本人の努力しだいで、障害は軽くなります。

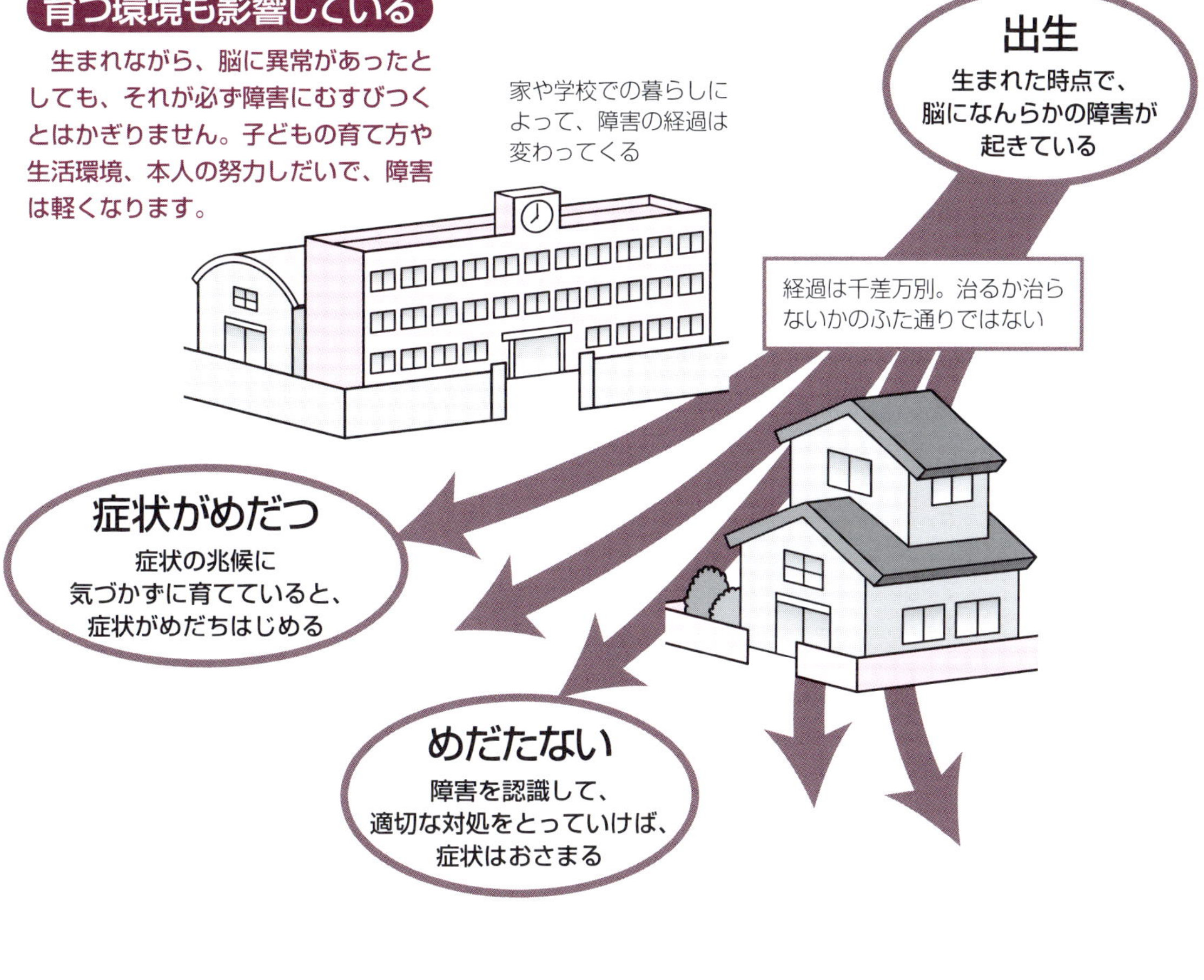
出生
生まれた時点で、脳になんらかの障害が起きている
家や学校での暮らしによって、障害の経過は変わってくる
経過は千差万別。治るか治らないかのふた通りではない
症状がめだつ
症状の兆候に気づかずに育てていると、症状がめだちはじめる
めだたない
障害を認識して、適切な対処をとっていけば、症状はおさまる

診断基準

三つのポイントで診断する

AD／HDかどうかを診断するときには、国際的な診断基準を用います。ここでは、アメリカで使われているDSM－Ⅳを紹介します。

AD/HDの診断基準

診断基準にはさまざまなものがありますが、よく知られているのはアメリカのDSM-ⅣとWHOのICD-10です。ここでは、DSM-Ⅳを紹介します。下のA～Eすべてに（Aは1か2どちらかでも）あてはまる場合、AD/HDと診断されます。

■注意欠陥／多動性障害の診断基準

A（1）
以下の不注意の症状のうち6つ（またはそれ以上）が少なくとも6ヵ月以上続いたことがあり、その程度は不適応的で、発達の水準に相応しないもの：

●不注意

（a）学業、仕事、またはその他の活動において、しばしば綿密に注意することができない、または不注意な過ちをおかす。
（b）課題または遊びの活動で注意を持続することがしばしば困難である。
（c）直接話しかけられたときにしばしば聞いていないように見える。
（d）しばしば指示に従えず、学業、用事、または職場での義務をやり遂げることができない（反抗的な行動、または指示を理解できないためではなく）。
（e）課題や活動を順序立てることがしばしば困難である。
（f）（学業や宿題のような）精神的努力の持続を要する課題に従事することをしばしば避ける、嫌う、またはいやいや行う。
（g）（例えばおもちゃ、学校の宿題、鉛筆、本、道具など）課題や活動に必要なものをしばしばなくす。
（h）しばしば外からの刺激によって容易に注意をそらされる。
（i）しばしば毎日の活動を忘れてしまう。

A（2）
以下の多動性－衝動性の症状のうち6つ（またはそれ以上）が少なくとも6ヵ月以上持続したことがあり、その程度は不適応的で、発達水準に相応しない：

●多動性

（a）しばしば手足をそわそわと動かし、またはいすの上でもじもじする。
（b）しばしば教室や、その他、座っていることを要求される状況で席を離れる。
（c）しばしば、不適切な状況で、余計に走り回ったり高い所へ登ったりする（青年または成人では落ち着かない感じの自覚のみに限られるかも知れない）。
（d）しばしば静かに遊んだり余暇活動につくことができない。
（e）しばしば“じっとしていない”または、まるで“エンジンで動かされるように”行動する。
（f）しばしばしゃべりすぎる。

●衝動性

（g）しばしば質問が終わる前に出し抜けに答え始めてしまう。
（h）しばしば順番を待つことが困難である。
（i）しばしば他人を妨害し、邪魔する（例えば会話やゲームに干渉する）。

B　多動性－衝動性または不注意の症状のいくつかが7歳以前に存在し、障害を引き起こしている。
C　これらの症状による障害が2つ以上の状況において（例えば学校［または仕事］と家庭）存在する。
D　社会的、学業的または職業的機能において、臨床的に著しい障害が存在するという明確な証拠が存在しなければならない。
E　その症状は広汎性発達障害、精神分裂病（＊）、または、その他の精神病性障害の経過中にのみ起こるものではなく、他の精神疾患（例えば気分障害、不安障害、解離性障害、または人格障害）ではうまく説明されない。

＊精神分裂病は、現在では統合失調症に病名変更されています

『DSM-Ⅳ精神疾患の診断・統計マニュアル』（医学書院）より

3タイプにわかれる

AD/HDとひとことでいっても、人によって、その症状はさまざまです。衝動性がとくに強い人、不注意がめだつ人など、個々の特徴に応じた対処が必要になります。そのためDSM-Ⅳでは、症状をもとに3つのタイプにわけて診断をします。

不注意優勢型はめだった問題が起きず、気づかれない場合もある

混合型

A（1）にもA（2）にもあてはまる場合。すべての症状に対応する必要がある

不注意優勢型

A（1）のみあてはまる場合。忘れ物などは多いが、多動がめだたず、気づきにくいタイプ

多動性－衝動性優勢型

A（2）のみあてはまる場合。多動傾向があるが、注意力に関するトラブルが少ないタイプ

子どもはつねに成長しているため、一度診断結果が出たあとに、タイプが変わることもある

基準はあるが、診断は簡単ではない

AD／HDの診断基準には、アメリカ精神医学会のDSM-Ⅳや、世界保健機関《せかいほけんきかん》（WHO）のICD-10がありますが、内容的には大きな違いはありません。DSM-Ⅳでは「注意欠陥《ちゅういけつかん》／多動性障害《たどうせいしょうがい》」、ICD-10では「多動性障害」という診断名が使われます。

しかし、診断基準は、あくまでもひとつの目安にすぎません。診断は、子どもの行動や認知機能、性格、医学的な検査など、総合的におこなわれます。

他の発達障害との境界線がはっきりしない

AD／HDの症状はさまざまです。主に上の三つのタイプにわけられますが、典型的な例ばかりではありません。なかには、自閉症など他の障害と区別するのが難しい場合もあります。

診断名は、治療のための情報のひとつと考えましょう。

診断基準

AD/HDと間違えやすい障害

ＡＤ／ＨＤは、自閉症や学習障害などを合併していることがよくあります。その場合、診断は非常に難しく、経過をみていくことが重要になります。

自閉症と混同されやすい

ＡＤ／ＨＤのなかには、自閉症のような症状を示す場合があります。とくに三歳までに多く、まわりの刺激に反応してよく動き回り、人には注意をはらわないので、自閉症と間違われてしまいます。

また、小さいうちにははっきりＡＤ／ＨＤと診断できたのに、四〜六歳ごろになるとその症状が消え、自閉症の症状があらわれてくる例もあります。

その他、広汎性発達障害では、言葉に遅れを認めないアスペルガー症候群《しょうこうぐん》や、虐待など不適切な生育環境が原因で起こる多動とともまぎらわしい場合があります。

自閉症、LDと重なる部分がある

AD/HDと間違われやすい障害には、自閉症とLDがあります。それらの症状にはAD/HDと同じものもあり、区別するのは専門家でも簡単ではありません。

重なる部分の症状は、コミュニケーションの障害や言葉の遅れ

AD/HD

多動性、衝動性、不注意がめだつ障害。診断基準は44ページを参照

自閉症（広汎性発達障害《こうはんせいはつたつしょうがい》）

呼びかけに応じない、こだわりをもつなどの症状が出る障害。コミュニケーションができないことや言葉の遅れ、ひとり遊びの多さなどから、AD/HDと誤解されることが多い →P58

LD（学習障害）

文字の読み書きや会話、計算などの力が、年齢相応に発達しない障害。AD/HDと合併することが多い。LDのみの場合でも、AD/HDと診断されていることがある →P48

どのようにして鑑別診断をするか

ＡＤ／ＨＤと、その他のまぎらわしい障害とを鑑別診断《かんべつしんだん》するためには、障害の本質をみることが重要です。

たとえば、多動という症状がみられるのは、ＡＤ／ＨＤだけではありません。

小学校に入るころによくみられる年齢相応の多動は、しだいに落ち着いてきます。また、自閉症や精神遅滞などがある場合にも、多動はみられます。

多動という症状だけでとらえるのではなく、その子の全体像をとらえることが大事です。どんなことが原因となって多動が起こっているのか、見極めることがポイントになります。他の障害のある可能性も考えながらみていきます。

また、症状は年齢とともに変化するので、診断後も経過をみていくことが大切です。

発達障害の診断の流れ

発達障害を診断するときには、心理面や知能面の検査を多く行います。それらの検査結果から、子どもの精神状態を把握して、適切な対処法を導き出していきます。

相談・問診
生活していて、どんなことが問題になっているか、話しあう

↓

心理検査
WISC-Ⅲ、K-ABCなどの心理検査をおこない、考え方の傾向を調べる

↓

知能検査
田中ビネー検査などをおこない、知能の発達の度合いを調べる

↓

学力検査
通常の学力テストで検査をしたり、ITPA検査で言語能力を確かめる

↓

経過チェック
問診と検査によって診断された結果と、その後の子どもの行動に大きな違いがないかどうか、チェックする

一度で完全な診断をくだすことは難しい。子どもを見守っていくことになる

合併症

LDともに起きてくることが多い

AD／HDの子どもの気になる症状のひとつに、学習面の遅れがあります。これは、LD（学習障害）を合併しているために起きてくる問題です。

注意力の欠如とあいまって、学力が低下する

AD／HDの子どもの多くが、LDを合併しています。

学習障害には、さまざまな症状があります。文章を正確に読んだり、書き言葉の内容を理解できない「読字《どくじ》障害《しょうがい》」、文章を読んで理解することはできるのに、文字が書けない「書字《しょじ》障害《しょうがい》」、数字を認識し、計算することができない「算数障害」などです。

また、AD／HDの子どものなかには、筋道を立てて話すことが苦手な子や、音声チックや運動チックの症状がある子もいます。言葉に対する問題には、そういった症状による影響もあります。

AD/HDの主な合併症

AD/HDのある子どものうち半数以上が、話し言葉や読み書き、計算を身につけることに苦労しています。これは、学習障害や言葉の障害などを併発しているためです。多くの子どもが、合併症に悩んでいます。

■児童精神科を外来受診した、AD/HDのある子どもの合併症（複数回答あり）（中島洋子による。『ADHD臨床ハンドブック』（金剛出版）P102より）

合併症	人数（全63人）
LD（学習障害）	34人
言葉の遅れ	28人
脳波異常	14人
自閉症と似た症状	10人
行為障害・反抗挑戦性障害	9人
熱性けいれん	8人
心身症	7人
てんかん	3人

合併症への対処法

学習障害や言葉の遅れは、子どもから自信を奪い、学力を低下させます。薬物や手術によって治せることではないので、周囲からの対応を変えて対応していきます。

心理面は「認める」

ふさぎこんだり、反発心を強めないよう、子どものよいところを認めて、言葉で伝えましょう。自信をとりもどすことをめざします。

- 心配することはないと伝える
- 子どもの主張に耳をかたむける

行動面は「ほめる」

勉強の遅れについては、根気よく復習して力を伸ばしていくことがいちばんです。できたときには、ほめてあげてください。

- 読み書きができたらほめる
- 他の子どもに無理してあわせない

幼いうちは、スキンシップをとることも大事

できることからはじめて、覚えていけばよい

子どもに必要なのは、自信をもつことと、安心すること

「LD」には二つの種類がある？

LDという言葉には、教育で使われる「Learning Disabilities」と、医学で使われる「Learning Disorders」の二つの種類があります。

教育で使われるLDは、広い意味で使われ、AD/HDとの区別もあいまいです。

これに対して医学で使われるLDは、読字障害、書字障害、算数障害の三つにかぎられ、これが著しく問題をもつ場合をいいます。本書では、医学で使われるLDを用いています。

Learning Disorders
医学で使われる

Learning Disabilities
教育で使われる

症状

スポーツを苦手とする子が多い

AD／HDの身体的な症状には、ルールのあるスポーツを苦手とする運動障害と、ストレスによって生じるチックや頭痛などがあります。

複雑な運動をするのが苦手

ＡＤ／ＨＤの子どもには、動きがぎこちなく、転びやすい子がいます。立ったり、歩いたりという簡単な運動には問題はありませんが、指を細かく動かしたり、なわとびをするなど、複数の筋肉を同時に動かすのが苦手です。平衡感《へいこうかん》覚《かく》も悪く、片足で立つとすぐにバランスを崩してしまいます。そのため、ケガをしがちです。

また、複雑な運動や、人の動きを真似することも苦手なので、スポーツの上達には、時間がかかるようです。

ＡＤ／ＨＤの子どもが友達といっしょに遊ばない背景には、こうした運動の問題も考えられます。

AD/HDの身体的特徴

AD/HDの子どもは、活発に走り回ることを好みますが、そのいっぽうで、複雑な運動は苦手とします。脳の機能障害が平衡感覚や運動能力に、なんらかの影響を与えているためと考えられます。

運動障害

ボールをキャッチできない、とびばこや逆上がりができないなど、スポーツ全般を苦手とする

上手にできず、仲間からはずれて練習をやめてしまうと、ますます苦手になっていく

平衡感覚

自転車に乗れない、まっすぐ速く走れないなど、バランスを必要とすることがうまくできない

手先の器用さ

手にもったものをたびたび落とす、なわとびの使い方を覚えられないなど、複雑な動作に対応できない

身体症状の多くは合併症によるもの

運動以外の身体症状には、チック症状や原因不明の頭痛、腹痛、めまいなどがあります。いずれも精神的なストレスが背景にあると考えられています。チックは一時的な場合もありますが、長期間続く場合は、トゥレット障害を合併していることも考えられます。体質やストレス過多によって発症する、心身症のひとつです。

身体症状への対処法

AD/HDそのものの身体症状は、多くはありません。多くは二次的な症状なので、個別に対応して改善することができます。

運動が苦手

苦手なだけで、不可能ではありません。運動嫌いの子どもはたくさんいます。体の一部を動かす単純なことからはじめて、じょじょに動作を複雑にします。

●練習することで改善

いきなりボールを投げるのではなく、転がしたり、はずませることから慣れていきます。

原因不明の頭痛、腹痛

頭痛や腹痛の原因は、風邪や下痢、便秘がほとんどですが、なかにはストレス性の痛みもあります。悩みごとを聞くこともひとつの解決法です。

●話を聞いて、改善

友達との関係や勉強への不安をとりのぞくことで、解決する可能性があります。

まばたきが多い

まばたき、首をふる、肩を動かすなどの行為をくり返す場合、トゥレット障害が考えられます。これは無意識の行動なので、しからないでください。

●生活に支障はない

多くの場合、無理に改善する必要はありません。気にしないことがいちばんです。

まばたきをくり返すチックは、成長するにつれて自然と治ることが多い

症状

悲観的《ひかんてき》な感情を抱きやすい

AD／HDの子どもには、自己を否定しがちな心理的特徴があります。その考え方が、別の精神疾患《せいしんしっかん》につながる場合があります。

AD/HDの心理的特徴

AD/HDのある子どもは、生活上のトラブルを重ねるうちに劣等感を抱き、自己を否定しがちです。周囲がそうした心理に気づかず、気難しい性格と決めてかかると、子どもはますます疎外感をもつでしょう。

移り気

多動性の強さは、周囲には移り気、飽きっぽい性格とみられる

大声で泣きわめく、乱暴をするなどして、かんしゃくもちと思われがち

キレやすい

生まれながらに、がまんが苦手。本人が望んでやっていることではない

喜怒哀楽がはげしい

場面に応じた感情表現ができないが、教えていけばできるようになる

成長するにつれて、心理面に変化が出る
幼いころとは一転して静かになるが、気難しそうな印象は変わらない

劣等感

勉強や運動の失敗を指摘されることが続くと、自信をもてなくなる

感情を見せない

友達とうまくコミュニケーションをとれず、じょじょに心を閉ざす

がんこな考え方

気持ちを伝えることができずに孤立して、がんこ者と評価される

心理的症状への対処法

自信を失い、孤独で苦しい状態が続くと、深刻な症状を引き起こすことがあります。子どもの悩みに早く気づけるよう、日ごろから会話を欠かさずにして、子どもを孤立させないようにしてください。

不安・抑うつ

周囲とのトラブルの結果、「自分は生きていてもしかたない」などと悲観的な思いを抱くことがあります。一部の子どもは抑うつ症状におちいります。

●二次症状の改善をめざす

二次的症状として起きている場合が多く、不安や抑うつの治療をすると、症状が軽くなります。

強迫性障害《きょうはくせいしょうがい》

特定の行動をくり返してしまう障害です。自分でも意味がないとわかっていますが、やめられません。なにかするたびに保護者に確認や同意を求める、手を洗うことや施錠を何度も確認する、などの症状が出ます。

●強迫性障害のための治療

しつけや接し方の見直しをしながら、強迫症状の薬物療法を並行します。

心理面のトラブルにはカウンセリングが有効。話すことで楽になる

子どものころと青年期では違う

AD/HDの子どもの多くは、一〇歳をすぎたころから、行動が落ち着いてくるようになります。

しかし、心の中では、それまでの失敗体験や周囲からの孤立、生活上の困難などが積み重なり、不安や精神的ストレスを抱えこんでいます。

「自分なんていないほうがいい」と悲観的な感情を抱く子も少なくありません。問題はみえにくく、複雑になります。

AD/HDの二次的な症状があらわれる

年齢が高くなるにつれ、心身症やうつ病、統合失調症などを起こす例が多くなってきます。また、反抗的で、挑発的な行動を示す反抗挑戦性障害や行為障害《こういしょうがい》を合併することもあります。

これらはAD/HDそのものの症状ではなく、二次的に起こった合併症です。

経過

歩き出すころから、めだちはじめる

多動や不注意は、一歳前後で気づかれる例もあります。症状は、子どもの発達にともなって、少しずつ変わっていきます。

他の子とぶつかったり、道路で転んでケガをすることが多い

学童期を境に、行動が変わる

AD/HD症状は、学童期を境に変化します。入学前は多動性や衝動性がめだちますが、多動はじょじょに影をひそめ、不注意がめだつようになります。

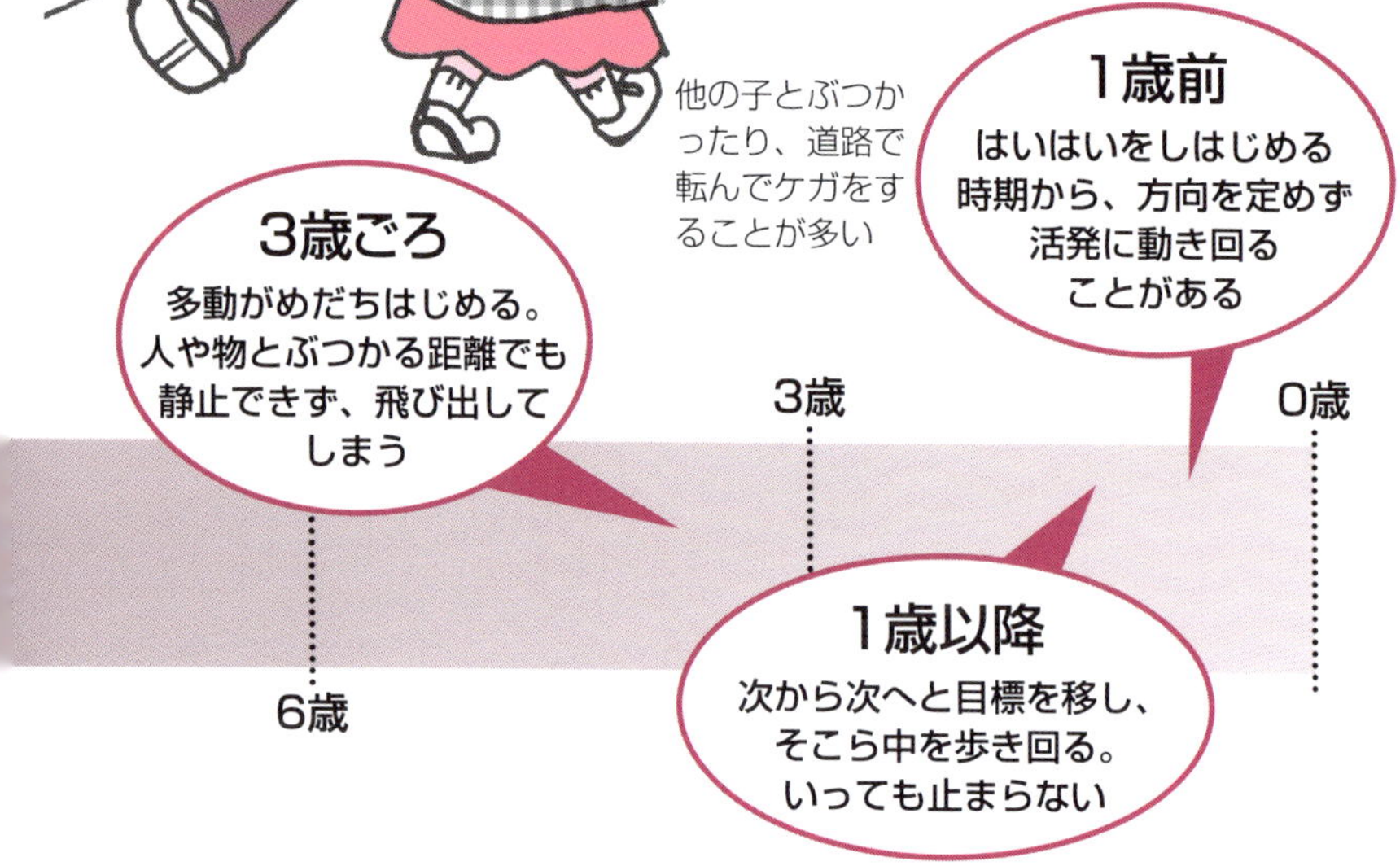

0歳
1歳前
はいはいをしはじめる時期から、方向を定めず活発に動き回ることがある
1歳以降
次から次へと目標を移し、そこら中を歩き回る。いっても止まらない
3歳
3歳ごろ
多動がめだちはじめる。人や物とぶつかる距離でも静止できず、飛び出してしまう
6歳

はいはいをするときに多動傾向が出る場合も

親が最初に気づく症状のひとつが、はいはいです。AD／HDの子どもは高ばいをせず、ひじではい、目まぐるしく動き回ることがあります。自分で歩くようになると、多動性は強くなり、幼稚園や小学校など集団の場では、「自分勝手な行動」とみなされます。しかし一〇歳ぐらいになると、しだいに多動は落ち着いてきます。

反対に、成長とともにめだってくるのが不注意の症状です。勉強に集中することが難しくなります。成績不振や運動能力の低さなどを気にして、友達のグループに入っていけず、精神的な症状をあらわす子も増えてきます。

教室での勉強や運動会など、集団生活を経験していくうちに、順番を待つことができるようになっていく

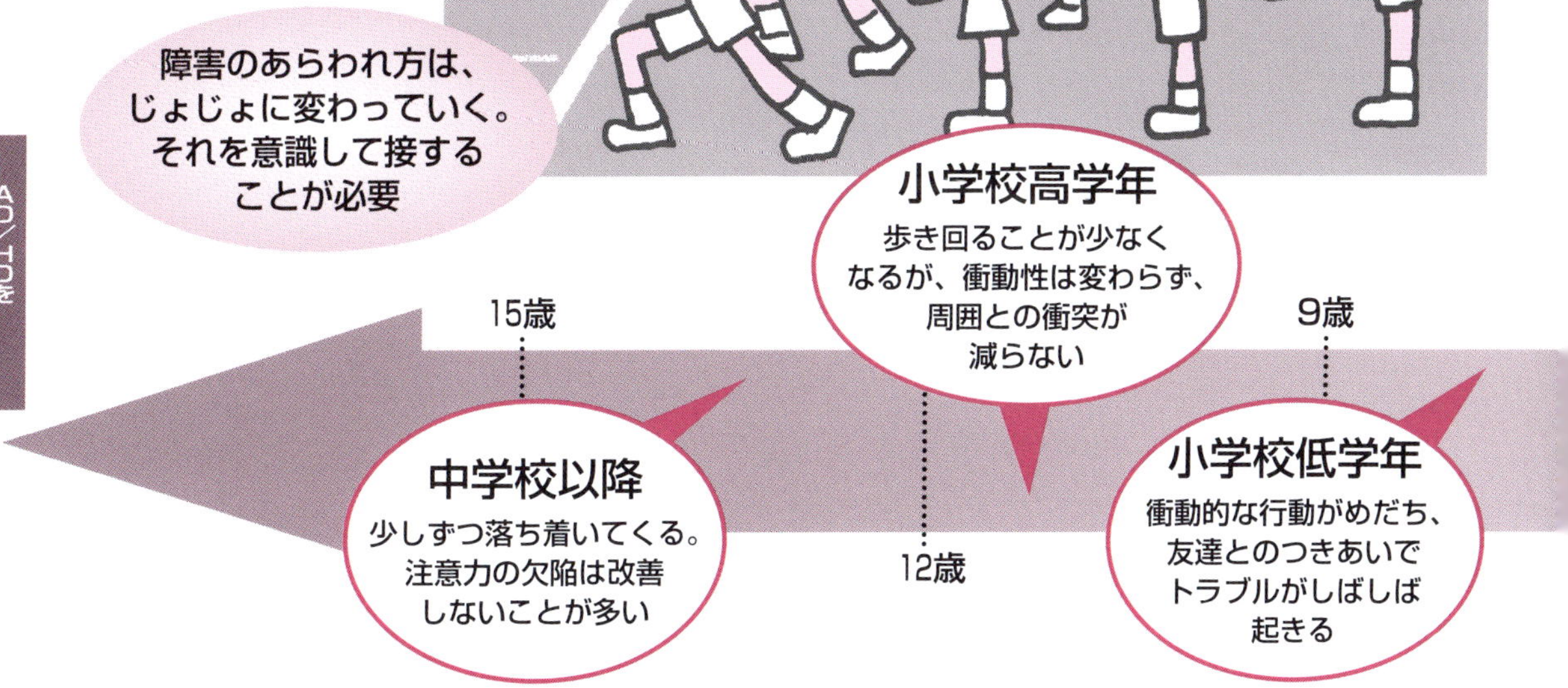
障害のあらわれ方は、じょじょに変わっていく。それを意識して接することが必要
15歳
12歳
9歳
小学校低学年
衝動的な行動がめだち、友達とのつきあいでトラブルがしばしば起きる
小学校高学年
歩き回ることが少なくなるが、衝動性は変わらず、周囲との衝突が減らない
中学校以降
少しずつ落ち着いてくる。注意力の欠陥は改善しないことが多い

心の成長には異常はみられない？

子どもの心は、母親や周囲の人々とのコミュニケーションをつうじて、成長していきます。子どもがＡＤ／ＨＤ症状を気にして劣等感を抱いたり、孤立していると、心の成長に影響が出る場合も考えられます。

幼児期には、母親とたくさんコミュニケーションをとることが大切です。母子のきずなが不安定だと、分離《ぶんり》不安《ふあん》や不登校の原因になります。学童期、思春期には集団生活から多くのことを学びます。

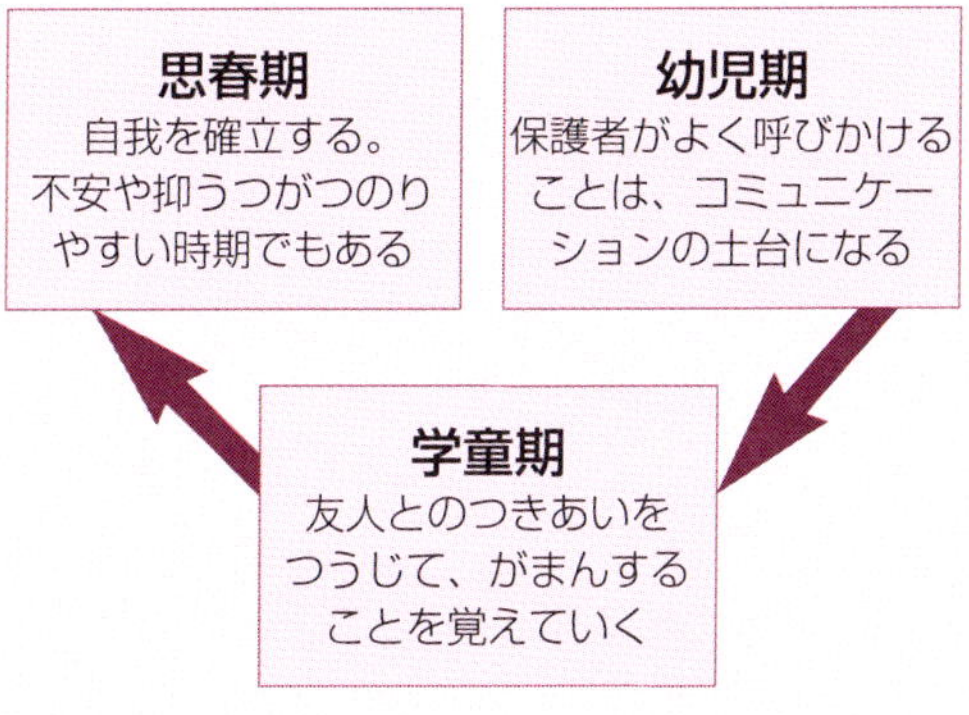
幼児期
保護者がよく呼びかけることは、コミュニケーションの土台になる
学童期
友人とのつきあいをつうじて、がまんすることを覚えていく
思春期
自我を確立する。不安や抑うつがつのりやすい時期でもある

経過

大人になっても治らない？

成人になると、症状が改善する人が少なくありません。社会に適応し、いきいきと暮らしている人がたくさんいます。

多くの人が改善する

AD／HDの経過は、大きく三つにわかれます。

症状が改善する場合と、大人になっても続く場合、そして、他の精神科的な問題に発展する場合があります。

経過に関しては、さまざまなデータがありますが、症状が改善する人や、症状が残っても社会に適応できる人は、多くの割合をしめるといわれています。

症状の軽さだけでなく、周囲のサポートがあるかどうかが重要なポイントになります。適切なサポートがないと、精神的な症状に発展しやすく、あまり経過がよくないと考えられています。

小学校でトラブルに気づく人が多い

心のトラブルで病院を訪れ、AD/HDと診断されるのは、ほとんどが子どもです。7～8歳で診断されることが多く、15歳以降では少なくなっています。小学生のときに気づき、早く対処している人が多いわけです。また、中学校以降にトラブルが起きることは少ないといえます。

■診断がついた初診年齢

（東京都立梅ヶ丘病院の資料による）

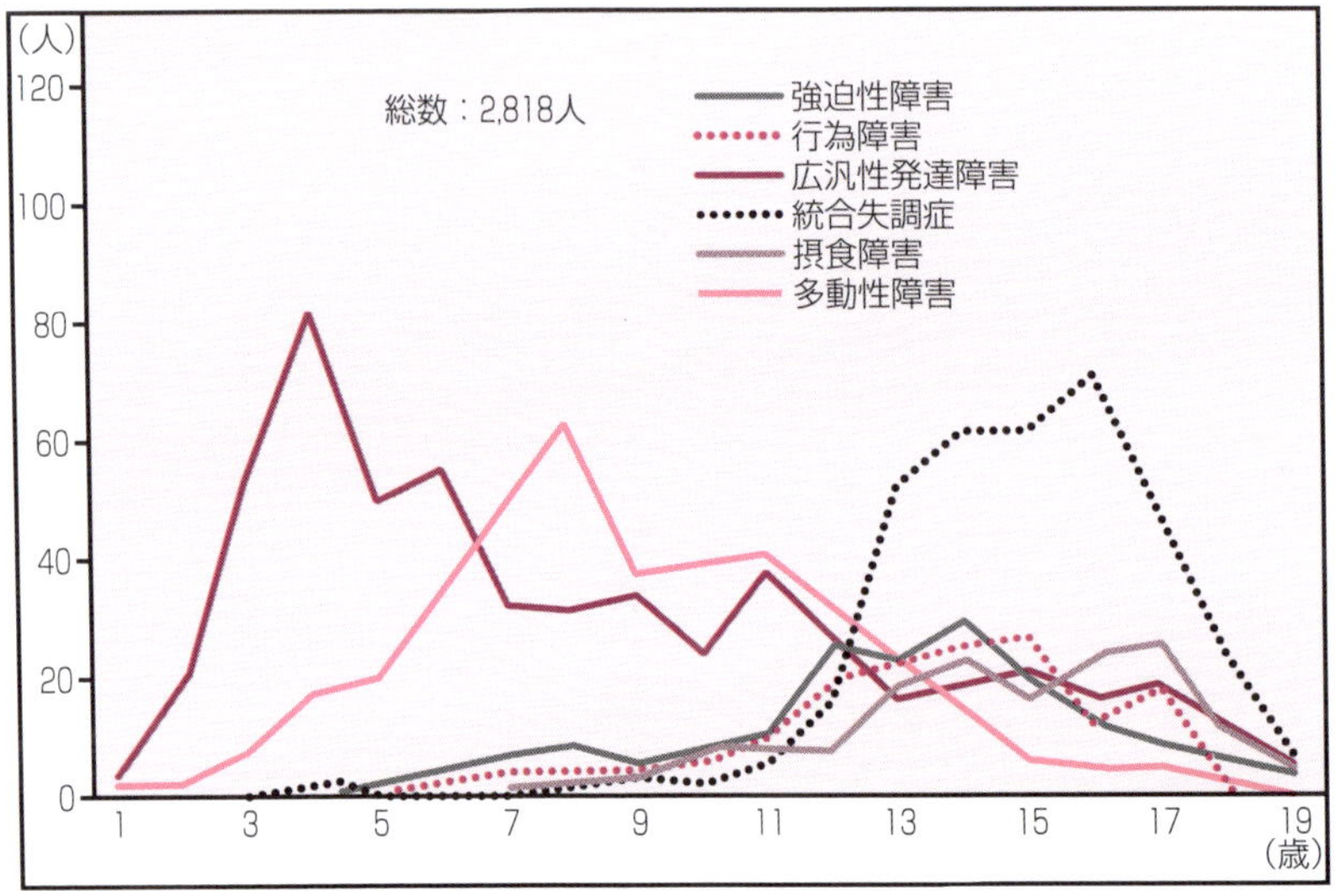

(人)
120
100
80
60
40
20
0
総数：2,818人
強迫性障害
行為障害
広汎性発達障害
統合失調症
摂食障害
多動性障害
1
3
5
7
9
11
13
15
17
19
(歳)

多少、注意力に欠けることはあっても、仕事には差し障りがない

症状はじょじょに改善する

子どものころは自制がきかないため、多動性や衝動性の強さがそのまま表に出て、さまざまなトラブルにあいます。しかし、周囲が適切な対応をして、言動のコントロールを教えていくと、症状は軽減し、大人になるころには、日常生活にほとんど支障がなくなります。

多動性

幼児期にはもっともめだつ症状だが、成人後はほとんど残らない

衝動性

感情のコントロールが身につき、衝動性があってもめだたなくなる

不注意

大人になっても残るが、メモをしたり習慣を工夫することで克服できる

大人にもAD／HDがある？

ＡＤ／ＨＤの子どもが大人になると、子どものときにめだつ「多動性」は少なくなるものの、ほかの症状は残ることがあります。

とくに残りやすい症状は、不注意で、人の話を最後まで聞かなかったり、仕事を計画的に進められなかったりします。また、がんこで融通《ゆうずう》がきかず、すぐにカッとなったり、興味や関心がかたよる、という面も多くみられます。

最近は、大人のＡＤ／ＨＤとして、部屋を片づけられない人が話題になっています。しかし、成人のＡＤ／ＨＤは医学的な診断基準や治療法が確立されていません。

片づけができないのは、AD/HDのせい？

COLUMN

AD/HDの診断が減っている?

広汎性発達障害との区別がつきにくい

一般にＡＤ／ＨＤがよく知られるようになり、自主的に症状をチェックして受診する人が増えたため、ＡＤ／ＨＤの患者数は、以前よりも増えてきました。しかし最近では、その増加傾向も止まってきています。

「落ち着きのなさ」を訴えて病院を訪れる人は増えていますが、そのなかには、広汎性発達障害（自閉症）と診断される人もいます。発達障害は鑑別診断が難しく、成長過程で診断名が変わることもあります。そのような事情から、落ち着かない子が増えているほどには、ＡＤ／ＨＤの診断は増えていないわけです。

ＡＤ／ＨＤと他の障害の違いはどんなこと?

ＡＤ／ＨＤも広汎性発達障害も、幼児期にひとり遊びを好み、コミュニケーションを苦手とする特徴があります。症状に似た点があるため、年齢によっては区別がつきにくいこともあります。

ただし、ＡＤ／ＨＤの子が興味を次々に移すのに対して、広汎性発達障害の子どもはひとつのものにこだわる傾向があるため、その点では違いがあります。

発達障害は、診断よりも治療が大切

発達障害の鑑別診断は、専門の医師でも難しいものです。子どもの心は日々成長していて、一度や二度、話を聞いただけでは、全体像をつかむことはできません。

ですから、発達障害の診察では、診断名を確定させることにこだわらず、疑われる障害にあわせて治療をおこない、経過をみていくことが重視されます。ＡＤ／ＨＤの疑いがあるのに診断が下されない、という場合でも、不安を抱かず、治療を受け入れてください。

4

困ったときは専門家に相談

心のトラブルを根本から解決するためには、
医師にかかって治療を受けることがいちばんです。
しかし、精神科を訪れることには、抵抗があるかもしれません。
その場合は、かかりつけの医師に相談するのもよいでしょう。
大切なのは、悩みを家族だけで抱えないこと。
困ったら、周囲の専門家に相談してください。

ストーリー

一生、治らないものなのかな……

1 AD/HDのことをできるかぎり理解して、子育てを続けてきました。子どもは少しずつ成長して、変わってきたように思います。

2 私が悩む姿を見て、夫も協力してくれるようになりました。子どもとはいっても、暴れているときに止めるのはひと苦労。そのときは夫が頼りになります。

3 こうして、大きな問題を起こさずに暮らしていますが、家族だけでできることには限界があります。毎日、夜になるとくたくたです。

4 自分たちの育て方は本当に正しいのか。いまのままで本当によいのか。不安が消えません。

中学生になったら、
落ち着くかな

5 子どもの将来を考えると、もっとなにか、してあげられることがあるんじゃないかな、という気がします。

病院に一度、
行ってみようか

6 深刻な症状ではないと思っています。暗く考えたくはないんです。でも、本当に子どものことを思うなら、きちんと治すことが必要なのかもしれません。

子どもの問題について、専門家に相談したいときは、どこに行けばいいのでしょうか。まず、そこから調べてみることにしました。

相談先

まず、だれに相談すればいい？

子どもの問題でいちばん困るのが、相談先ではないでしょうか。学校でよいのか、病院に行くべきか、悩みどころです。

行きやすいところでかまわない

子どものトラブルについてだれかに相談したいと思ったら、まず、身近な専門家を訪ねてみましょう。かかりつけ医や学校のカウンセラー、児童相談所など、相談を受ける人はたくさんいます。ひとりで悩まず、思いきって話してみましょう。

少しでも悩みがあるなら、考えこまないで相談してみよう

学校

専門知識をもつスクールカウンセラーや、トラブル対応経験の豊かな教師がいる。相談はもちろん、学校での様子を聞いてみるのもよい

児童相談所

子育てを相談したい人に向く。医師やカウンセラーが在勤している場合は、障害かどうか、話をすることもできる

専門機関は連携している。必要に応じて、他の機関を紹介してもらうこともできる

保健センター

健康診断や育児に関する相談を受けつけている。心のトラブルを専門にする精神保健センターもある

病院の小児科

かかりつけの小児科医に、気になる点を話して、意見を聞いてみる。必要であれば、他科を紹介してもらえる

病院の精神科

心のトラブルだと考えられる場合は、はじめから精神科を訪れてもよい。早く治療をはじめることができる

日頃から世話になっている、かかりつけ医に聞いてみるのもよい

ひとりで深刻に考えず、悩んだら相談する

子どものトラブルは、体の病気やケガと違って、なかなか周囲に打ち明けられないものです。できれば自分たちの力で治したいと、だれもが考えるでしょう。

しかし、ひとりで悩み続けると、事態を必要以上に深刻に考えてしまいます。そうしてストレスをためることは、トラブルの拡大につながります。

窓口はたくさんあり、どこでもかまわない

だれかに話したいと思ったそのときが、相談もしくは受診のベストタイミングです。

トラブルだと思っても、病院の精神科を訪れることには、抵抗を感じるかもしれません。その場合は、かかりつけの医師や児童相談所など、他の窓口を利用してもよいでしょう。

大切なのは、ひとりで悩み苦しまないことです。

AD/HDの専門家はどこにいる?

より専門的に、AD/HDへの対応を聞きたい場合は、発達障害を扱う医療機関を訪れます。さまざまな機関があり、それぞれに特徴が異なります。

医療機関	施設	特徴
大学病院（精神科）	総合的・大きい	あらゆる病気の診療を受けられる。規模が大きいため、さまざまな医師がかかわる。医師と1対1でのつきあいは難しい
総合病院（精神科）	↑	診療科が複数あり、設備も充実している。心のトラブルにかぎらず、治療を受けられる
病院（心療内科）		神経性の身体症状を治療するところ。気になる症状がある場合に、訪れるとよい
病院（精神科）		心の病気の専門家。規模は小さいが、相談から入院治療、アフターケアまで、より専門的な治療を受けられる。病院によって特色が違う
クリニック（精神科）	↓	病院よりもさらに小さい医療機関。同じ医師に相談でき、身近な存在だが、他科がかかわる治療は受けられない場合も
クリニック（カウンセラー）	専門的・小さい	相談したり、精神療法を受けることはできるが、薬剤の処方は受けられない

受診

いまの状況と成長過程を伝える

専門家のなかから医療機関を選び、発達障害について診断を受けるときには、まず最初に問診があります。子どもの成長過程をたずねられます。

問診で聞かれるのはこんなこと

病院を訪れたら、まず悩みごとを相談したいでしょう。それはもっともですが、いまの悩みごとだけをみていても、トラブルの原因は探れません。過去のできごとや、学校での様子など、さまざまなことを調べる必要があります。

医師が聞くこと

- いま、どんなことに悩んでいるか
- これまで、どのように成長してきたか
- 家族構成、ふだんの暮らしについて
- 幼稚園や学校など、家庭以外での様子
- 身体症状はなにかあるか

診察室や待合室では、緊張してしまう子どもが多い。好きなおもちゃをもたせるなどして、不安にさせないようにする

- 保育園、幼稚園、学校での対人関係に悩みはありますか？
- 話し言葉に、吃音など気になる点はありますか？
- 読み書きや計算などを極端に苦手にしていますか？
- スポーツを苦手としたり、いやがったりしていますか？
- 興味をもつことと、そうでないことに差がありますか？

教育機関の先生への質問例

幼稚園や学校の先生向けに、質問票をつくっている医師もいる。集団生活や、家の外での子どもの様子を知ることが大事

診察の前に整理しておくこと

AD/HDの診察では、さまざまなことを聞かれます。過去の発達歴や、勉強の成績まで聞かれることがありますが、それらも診断に必要なことです。手帳や通知表を見て、内容を整理して答えるようにします。

母子手帳

幼少時の成長記録から、多動の発症時期や、症状の傾向を知る手がかりがえられる。成長過程は診断のための大切な情報

家庭外での行動

AD/HDは環境によって症状のあらわれ方が違う。家庭で問題がなくても、他の場所でどうか、周囲に聞いて確かめる

学校の成績

より適切な対応をするために、勉強の得意・不得意から、学習障害の有無を調べることができる

いつごろ、どんな様子だったか思い出せないときは、母子手帳の記録を見るとよい

これまでの成長のしかたを伝える

ＡＤ／ＨＤは脳の機能障害と考えられるため、身体的な検査でわかることには、限界があります。診察は、問診が中心になります。

医師は、保護者や子ども本人への質問をつうじて、障害の有無や程度、症状を探っていきます。家族がいま抱えている悩みだけでなく、過去のことも質問します。子どもの発達過程に気になる点がないか、調べていきます。

親の視点からの評価以外も伝える

問診では、学校や外出先での様子も質問されます。ＡＤ／ＨＤ症状のあらわれ方は環境によって異なり、家庭での話だけでは、診断を下せないからです。

家庭外の行動については、学校の通知表を参考にしたり、場合によっては教師に質問票を出すこともあります。子どもがどんなことに悩んでいるか、丁寧に調べます。

治療法

対応の変更と環境の調整が中心

AD／HDは、医師の力だけで治療できる障害ではありません。医師の指示を受けながら、関係者みんなで症状を改善していきます。

いくつかの治療法を組み合わせる

発達障害には、薬物治療が功を奏さないものもありますが、AD/HDでは比較的、薬物療法が有効です。対応の変更や環境の調整を第一に考えながら、必要に応じて薬で症状をおさえることもできます。

対応の変更、環境の調整

AD/HDを理解して、症状を増長しないよう、子どもへの対応を変える。環境の調整もおこない、できるかぎり症状をおさえる

薬物療法

メチルフェニデート徐放薬（商品名コンサータ）やアトモキセチン（商品名ストラテラ）、グアンファシン塩酸塩（商品名インチュニブ）が使われる。多動や不注意などをおさえる効果がある

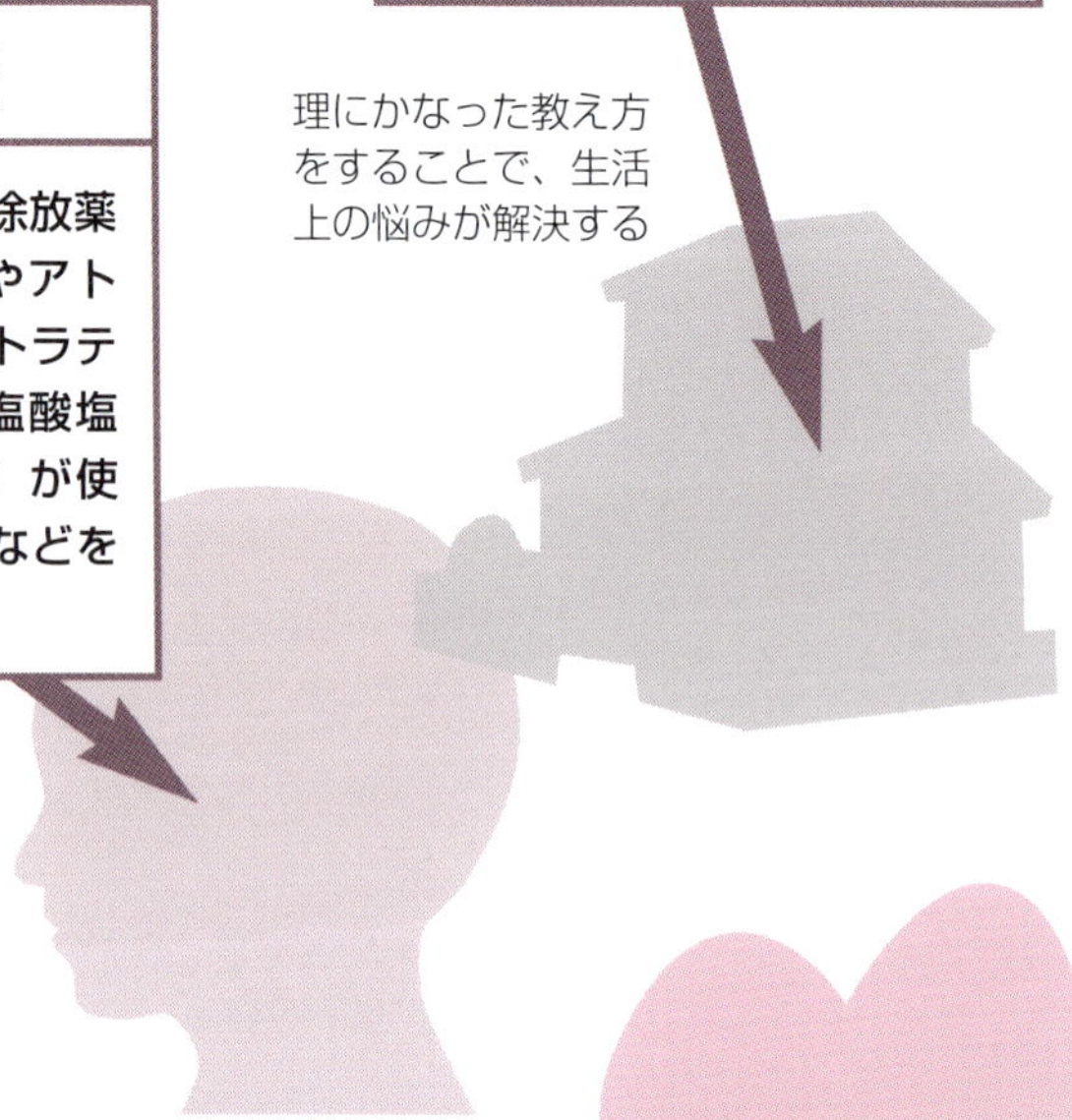

理にかなった教え方をすることで、生活上の悩みが解決する
脳内の神経伝達物質の働きを調節して、症状を改善する

不安定な心理面を落ち着かせるために、精神療法も必要？

AD／HDに精神療法《せいしんりょうほう》は効果がない？

問診やカウンセリングをつうじて患者さんの不安をやわらげることを、精神療法といいます。心理面に働きかける治療法です。

精神療法は、心の病気全般に有効ですが、AD／HDにはあまり用いられません。

AD／HDは、脳の機能不全から引き起こされる障害です。子どもが強い不安や悩みを抱えている場合など、必要なときだけ使われます。

周囲からの働きかけを変えることが治療に

治療は、子どもへの対応を変えたり、生活環境を調整することが第一の選択肢になります。時間をかけて、症状を軽減していくことが目的です。

対応の変更だけで改善しない場合には、薬を使って多動性や衝動性、不注意をおさえることも考えます。薬物療法と対応の変更を並行して、症状の改善をめざします。

一貫性のある治療を行っていく

周囲からの働きかけでAD／HDの症状をおさえるためには、本人はもちろん、家族以外の関係者に協力してもらうことも必要です。関係者が治療を理解して、子どもに対して一貫性のある行動をとらなければ、子どもは変わっていきません。

治療を家族だけでがんばろうとしたり、医師だけにまかせたりせず、全員で協力しましょう。

医療機関

医師は子どもの様子をチェックして、どのような行動から覚えていけばよいか指導をする

必要に応じて、学校と連絡をとりあい、子どもの様子を知っておきたい

教育機関

幼稚園や学校の先生にも、治療法を把握してもらったほうがよい。一貫性のある指導ができる

家庭

家庭での対応に問題がないか確認し、医師の指示にしたがって、よくない行動を減らしていく

三者が共通意識をもって治療にあたれば、改善は早い

関係者すべてに協力を求める

家族が医師の指示にしたがって、適切な対応をしていても、先生がそれと違う教え方をしたら、子どもは混乱してしまいます。幼稚園や学校に通いながら治療を進めていくためには、それら教育機関の協力も必要です。

薬の作用と副作用を知っておく

ＡＤ／ＨＤの薬物治療には、コンサータやストラテラ、インチュニブを使います。最近、ビバンセも使えるようになりました。年齢や分量など、使用条件を理解しておくことが必要です。

脳の機能不全に効く薬

多動性や衝動性、不注意にはコンサータやストラテラ、インチュニブなどの薬を使います。いずれも脳の機能不全を改善する薬です。

コンサータやストラテラ、インチュニブ、ビバンセは、厚生労働省からＡＤ／ＨＤの治療薬として認可を受けた薬です。処方されるときには、保険が適用されます。

以前はＡＤ／ＨＤにリタリンという薬が使われていましたが、成人を中心に、リタリンが不法に使用され、依存や乱用が報告されたため、リタリンはＡＤ／ＨＤには使われなくなりました。現在はコンサータなどを使い分ける治療がおこなわれています。

脳内物質に作用する

AD/HDの症状には、脳を中心とする神経系の働きが関係しています。コンサータなどを服用することで、神経伝達物《しんけいでんたつぶつ》質《しつ》のバランスを正常化して、症状を緩和させることができます。

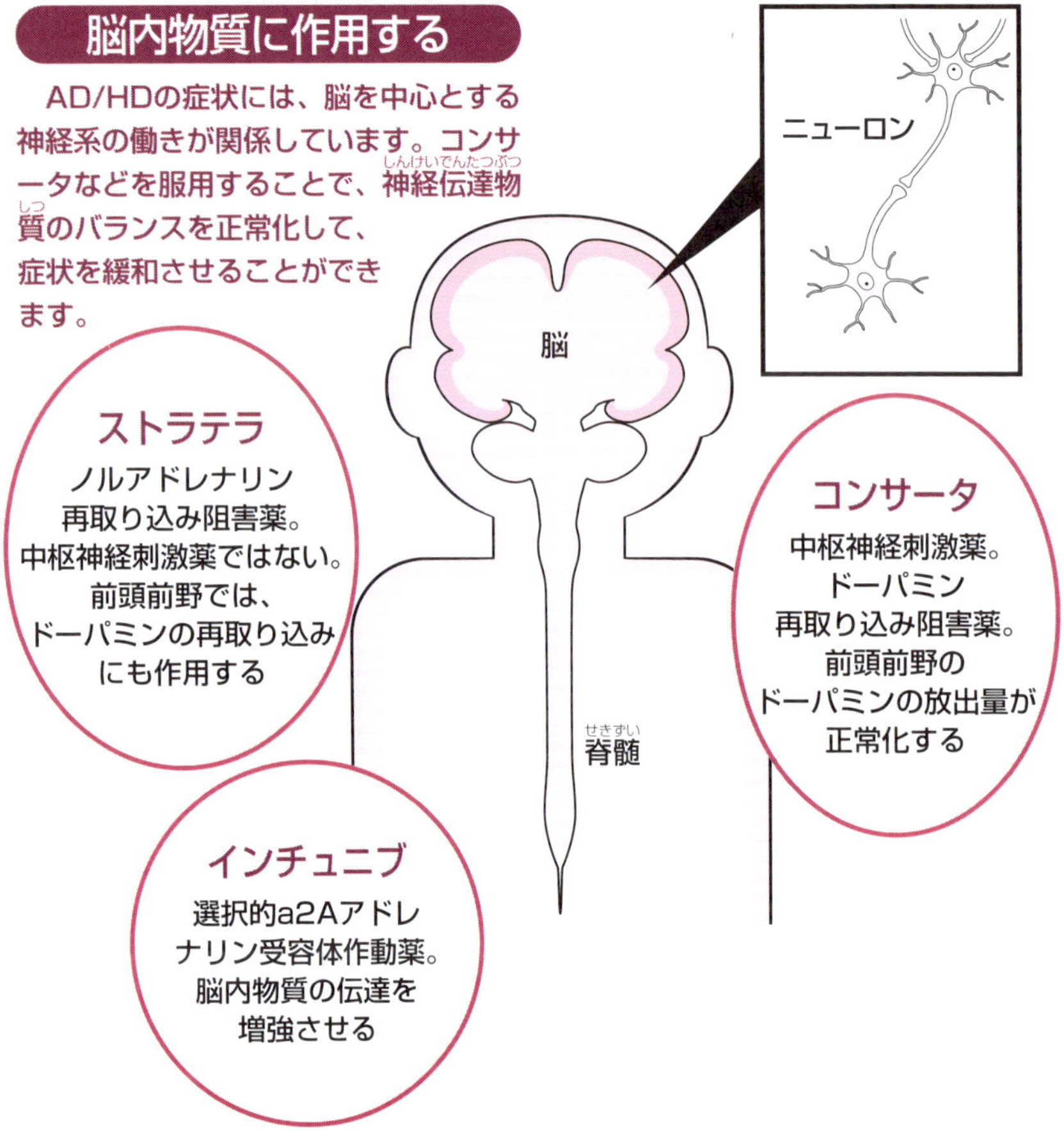
ニューロン
脳
ストラテラ
ノルアドレナリン再取り込み阻害薬。中枢神経刺激薬ではない。前頭前野では、ドーパミンの再取り込みにも作用する
コンサータ
中枢神経刺激薬。ドーパミン再取り込み阻害薬。前頭前野のドーパミンの放出量が正常化する
脊髄《せきずい》
インチュニブ
選択的a2Aアドレナリン受容体作動薬。脳内物質の伝達を増強させる

服用すると こんな効果がある

コンサータなどの薬は、多動性や衝動性、不注意の症状を軽減させます。人によって効果に差が出ます。薬が反応しない場合や、副作用が出る場合がありますので、効果をみながら慎重に使っていく必要があります。

落ち着いて授業を受けることができる

コンサータの使い方

18mgと27mg、36mgがある。学校に行く前に飲む。服用後12時間ほど効果が続くため、午後には飲まないようにする。主な副作用は、食欲不振、体重減少、眠れなくなる、頭痛、不安を感じる、チック症状がはげしくなるなど。

インチュニブの使い方

1mgと3mgがある。基本的には1日に1回服用。効果が出るまでに1～2週間かかる。主な副作用は眠気、血圧の低下、頭痛など。

ストラテラの使い方

5mg、10mg、25mg、40mgがある。飲みはじめてから3週間ほどたつと、効果が出る。6～8週間で効果が安定。安定してくれば、効果は一日中持続する。一日の所要量を朝と夜の二度に分けて飲む。主な副作用は頭痛、食欲不振、腹痛など。

給食を残すなど、食欲減退がみられる場合もある

長期的に使ってもだいじょうぶ?

コンサータやストラテラは一般的に、六歳以上の子どもや大人に使われています。また、インチュニブは、現時点では六～一七歳に適用されています。

幼少期では、発達への影響に個人差があります。一定期間後に改善することが多いのですが、体重の減少や、成長の遅れがみられることがあり、その場合は医師と相談をする必要があります。

それらの問題をふまえて、年齢と副作用に注意して使えば、問題はないと考えられています。

治療法

薬物療法は効果をみながら続ける

コンサータやストラテラ、インチュニブなどの効き方は、人によって大きく異なります。薬の力を過信せず、場合によっては他の治療法を考えることも必要です。

劇的に改善する人とそうでない人がいる

コンサータやストラテラ、インチュニブ、ビバンセの作用や副作用の強さには、個人差があります。そしてその差は、薬を使ってみるまで、医師にもわかりません。

少量から飲みはじめて、様子をみながら量を増やしたり、薬をかえたりします。

どの薬があうか、確かめながら使い分けていくのです。

また、なかには薬があわない子もいます。コンサータの効く場合は、服用すると早ければ三〇分ほどで多動性や衝動性、不注意がおさまります。毎日飲んでも効きめがあらわれない場合には、途中で薬の使用をやめることもあります。

効果がみられない場合もある

薬は、効きめを確かめながら使っていきます。服用後に効果があれば、継続して使っていきます。効果がみられない場合は、ほかの対策を考慮します。

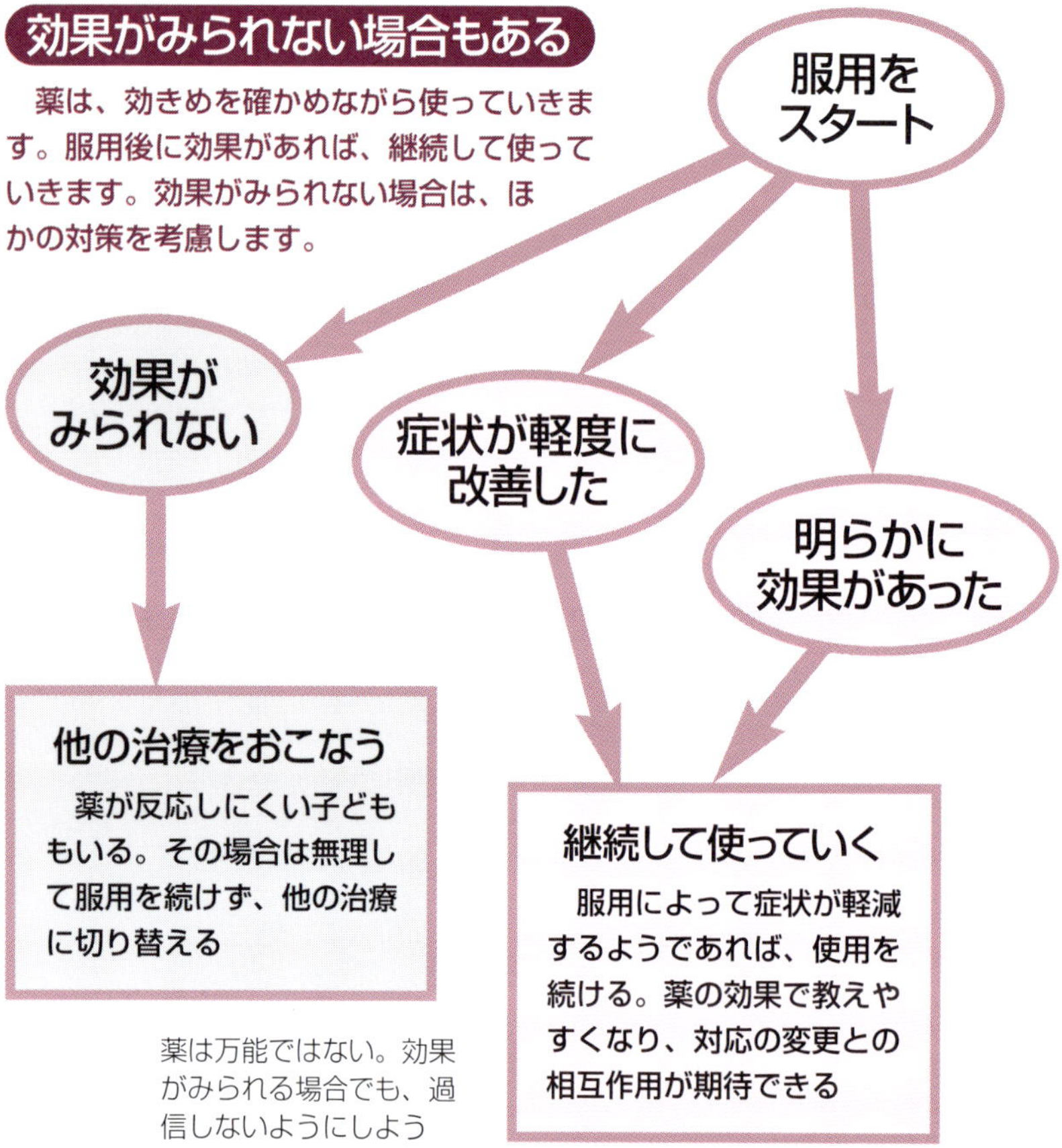
服用をスタート
効果がみられない
症状が軽度に改善した
明らかに効果があった
他の治療をおこなう
薬が反応しにくい子どももいる。その場合は無理して服用を続けず、他の治療に切り替える
継続して使っていく
服用によって症状が軽減するようであれば、使用を続ける。薬の効果で教えやすくなり、対応の変更との相互作用が期待できる

薬は万能ではない。効果がみられる場合でも、過信しないようにしよう

ほかの薬も使われる

薬物療法の中心になるのはコンサータとストラテラ、インチュニブですが、症状によって、他の薬を併用《へいよう》していくこともあります。とくに合併症が起きている場合は、それらの症状に特化した薬を用います。

うつ病の症状があるときには、コンサータやストラテラ、インチュニブと並行して抗うつ薬を使うことを考える

こんなときに	薬の名前	効果
コンサータなどの効果が低いときや、不安障害や気分障害があるとき	三環系抗うつ薬：クロミプラミン（商品名アナフラニール）、四環系抗うつ薬：マプロチリン（商品名ルジオミール）、SSRI：パロキセチン（商品名パキシル）、サートラリン（商品名ジェイゾロフト）など	うつや不安をとりのぞき、心を落ち着かせる
衝動性が強い	カルバマゼピン（商品名テグレトール）、バルプロ酸ナトリウム（商品名デパケン）	感情を安定させ、衝動性をおさえる
衝動性がとくに強く、逸脱行為が予測される	ハロペリドール（商品名セレネース）、リスペリドン（商品名リスパダール）	衝動性を短時間におさえる。眠気が強まる副作用がある

コンサータはリタリンとは違う?

日本では以前、AD／HDの治療にリタリンという、政府の認可を受けていない薬が使われていました。しかし、二〇〇七年にコンサータがAD／HDの治療薬として認可を受けてからは、リタリンにかわって、コンサータが処方されるようになりました。

リタリンは、コンサータと同じメチルフェニデートの薬ですが、コンサータとは作用の持続時間などがことなります。そのため、以前リタリンを使っていた人は、コンサータの使い方をよく確認する必要があります。

症状をおさえる点では同じ

治療法

対応を変えて、適切な行動を教える

薬物療法は、症状を一時的におさえる治療です。
症状が軽減しているうちに、よい行動を教えていきます。

人が話しているときに騒ぐ
怒鳴らずに、よくいい聞かせる
おとなしく人の話を聞けた
ほめる！
ほめることで、よい行動を覚えていく
話を聞いた後、「わかりました」と答えた
ほめる！
話を聞くだけでなく、返事もできるようになっていく
わかりました！
えらい！

よいことをしたときに、ほめる

対応の変更といっても、基本的にはふだんの子育てと変わりません。よいことをしたときにはほめ、悪いことをしたらしかります。ただし、ほめ方には一貫性をもって、タイミングよく声をかけるようにしてください。

接し方を変えて、悪い行動を減らしていく

子どもへの対応を変えることによって症状の軽減をめざすときには、最初からベストを目標とするのではなく、できることから少しずつ、変えていきます。

ＡＤ／ＨＤの場合は、まず多動性や衝動性、不注意によるトラブルを減らします。たとえば、始終《しじゅう》走り回っている子どもに、数分だけがまんすることを教えます。ひとつめのステップをクリアできたら、次は待つ時間を増やします。

小さな変化の積み重ねによって、トラブルを起こすことが減り、症状が全体的に軽減します。薬物療法と並行すると、改善効果がより大きくなります。

今日からできる5つの具体策

治療は、いますぐできることからはじめましょう。簡単なことからはじめて、少しずつ、複雑なことを覚えていきます。最初は手伝ってもかまいません。子どもの心に負担をかけずに進めていきましょう。

5分だけ、がまん

教室やレストランで立ち歩くことを直します。最初は、5分だけがまんしたら、動いてよいことにします。5分ができたら、時間を長くしていきます。

はじめだけ手を借りる

工作や運動など、複雑な動作が難しければ、最初は家族や先生が手伝い、達成感を味わえるようにします。ひとりでもできるようになることをめざします。

定期的に片づけ

自分で道具を片づけられるようにします。引き出しやおもちゃ箱など、同じ場所にものをしまう習慣をつけます。手助けすることを減らしていきます。

いまの声はこんなに大きい、これくらい小さい声でしゃべろうと、カードをみせながら語りかけてみる

声の大きさをコントロール

どこでも大きな声を出してしまう子には、カードや図を使って、声の大きさを認識させましょう。本人は大声とわからずしゃべっている場合があります。

忘れ物チェックシート

保育園や学校にもっていくものを、出かける前に絵でチェックします。いきなりすべてこなすのが難しければ、少数のものではじめます。

チェックシートをつくってコピーしておき、毎朝使うようにすると、忘れ物をしないようになる

治療法

目標を立てて、行動を変えていく

対応の変更も、薬物療法と同じように、効果を確かめながらおこないます。目標を設定して、治療の成果を確認できるようにしましょう。

成長が実感できるようにする

適切な対応を続けていくのは、簡単ではありません。効果を実感できず、中断してしまう人もいます。長く続けていくために、子どもの成長記録をつけて、目標をもってがんばりましょう。

問題を解くとき、家族や先生がそばにいると、気をそらさずに集中できる

時間を記録

作業の所要時間を記録する。子どもに目標タイムを聞いて、自分で目安をはからせる。子どもが作業の見通しを立てられるようになる

問題数を増やす

問題数の少ないテストからはじめて、上達したら問題を増やす。子どもが「できる」と実感できるように、問題を工夫する

結果をチェック

手伝いや片づけなど、練習中のことをできたかできなかったか、自分でチェックさせる。本人も家族も成長が実感でき、練習を続ける意欲になる

自分でチェックシートに記入する。シールを使って、楽しく練習するのもよい

よい結果が出ると、行動の意欲が増す

対応の変更は、一夜で効果が出る治療法ではありません。何日もかけて、少しずつ効果を出していきます。薬物療法と違って、即効《そっこう》性《せい》がないため、意欲をもって続けていくのは難しいかもしれません。

薬が効いても、子どもへの働きかけをやめないでください。薬物療法は、一過性の治療です。薬で症状をおさえている間に、習慣を変えてこそ、治療になるのです。

治療は、記録をつけながらおこないます。よい結果を実感できれば、確信をもって治療を続けていけます。よくできたときはごほうびとして子どもの好きなシールを渡すなど、本人が楽しんでできるよう、工夫しましょう。

達成度を確認する

対応の変更は、効果をみながら、その内容を変えていかなければなりません。ひとつの行動ができたら、次は少し難しいことにチャレンジします。その積み重ねで、より適切な行動をとれるように、成長していくことができます。

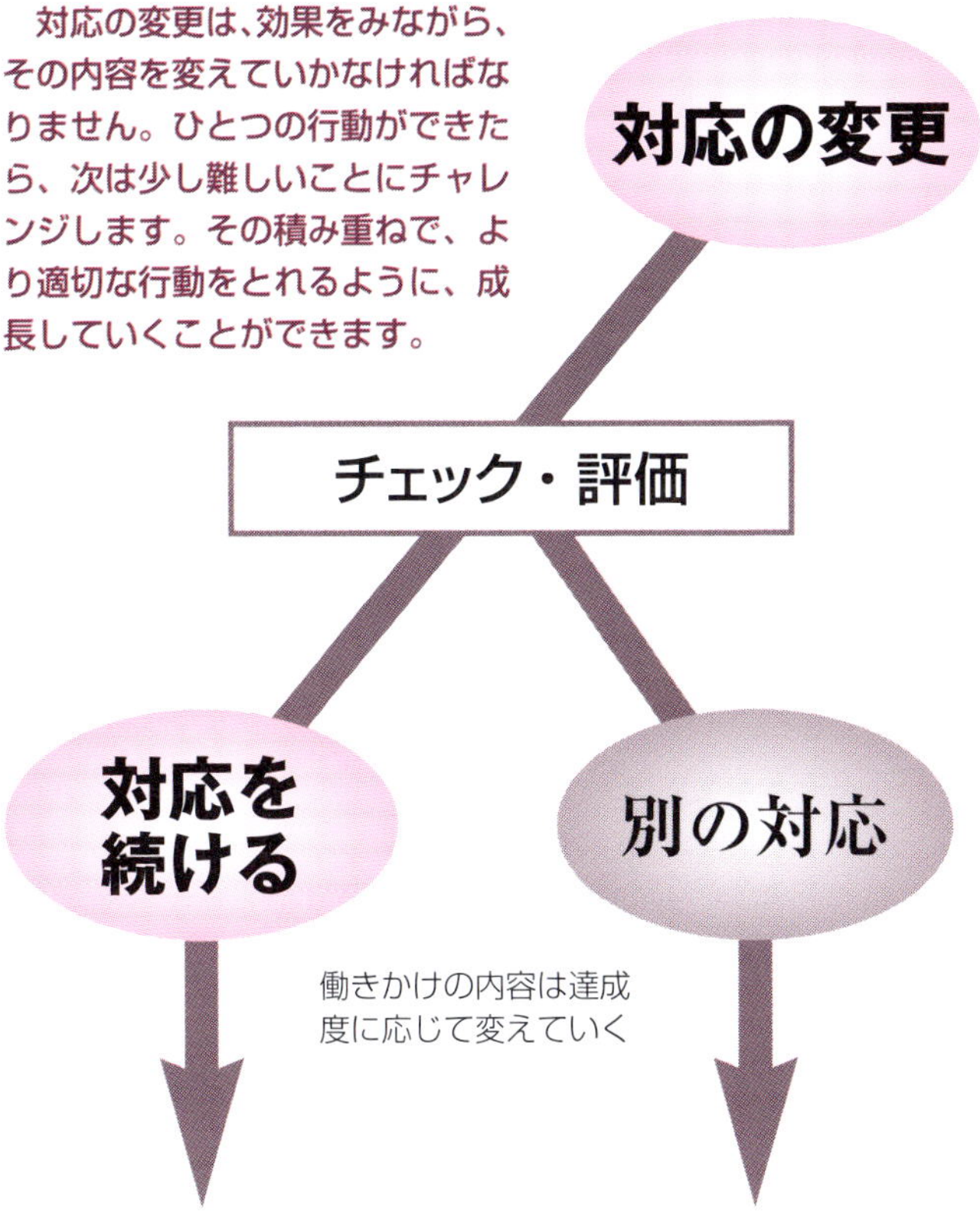
対応の変更
チェック・評価
対応を続ける
別の対応

働きかけの内容は達成度に応じて変えていく

TEACCHプログラムって、どんな治療法?

TEACCH（ティーチ）は、自閉症を中心とする発達障害の治療法のひとつです。

発達障害のある子どもは、作業の手順や、言葉を理解するのが苦手です。

ティーチでは、それらの情報を図示して、子どもが理解しやすい環境をつくります。その環境が成長の助けとなり、治療につながるという考え方です。

主に自閉症やコミュニケーション障害のための治療法として用いられますが、症状によっては、AD／HDのある子にとっても有効です。

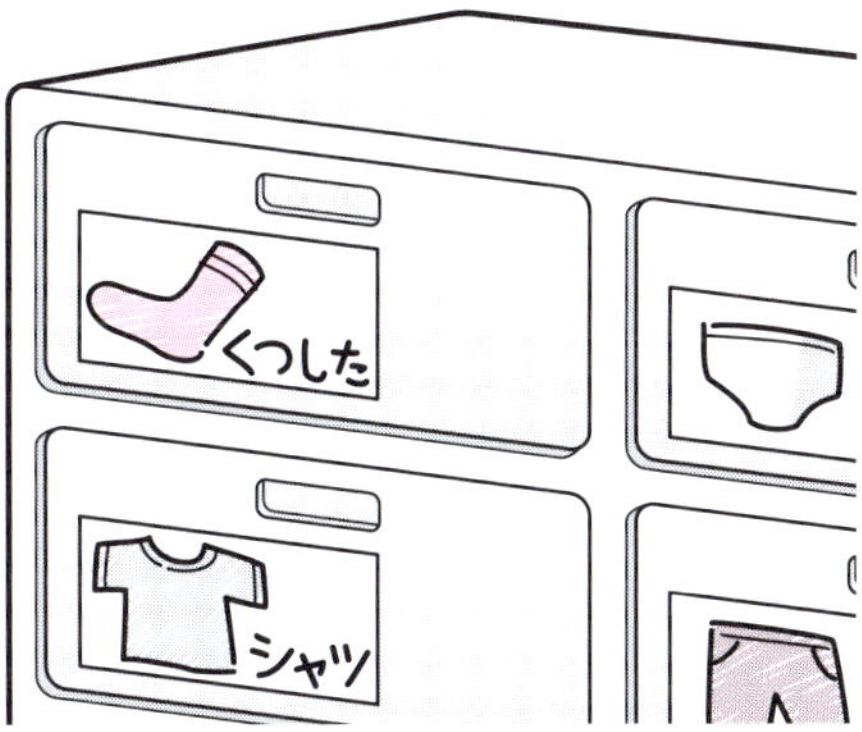
くつした
シャツ

絵札を使って、生活習慣を身につける

治療法

集中しやすい環境をととのえる

ADHDの症状には、生活環境からの影響が強く出ます。気が散りやすい環境では、不注意や多動が起きやすくなります。

生活環境の影響は意外と大きい

医師の指示にしたがって、子どもへの対応を変えようと努力しているのに、なかなか改善しない。そんなときには、生活環境を見直したほうがよいかもしれません。

テレビがついていて騒がしかったり、いつもおもちゃが転がっているような部屋では、落ち着いて勉強ができません。そのような環境では、注意力が働かないのは当たり前です。

暮らしのなかに、症状を招く要素がないかどうか、考えてみてください。ひょっとすると、それが治療の妨げになっているかもしれ

生活する場所を見直そう

居間や子ども部屋、教室など、子どもが暮らす場所を、見直しましょう。居住空間のつくりや置いてあるものによって、多動症状の出やすさが変わってきます。

テレビ
テレビの映像は刺激が多く、子どもの注意を引きつける。つけっぱなしにすると他の作業を覚えにくくなるので、時間を区切ってみる
道具
勉強机の上には、必要な道具しか置かないようにする。余計なものがあると、課題に集中できない
室内が整理されていれば、そこで暮らす家族の頭の中も整理される
家族
子どもが作業や勉強にとりくんでいるときは、家族のだれかがそばについているとよい。他のものに興味をうつそうとしたら、声をかけて作業に集中させる
おもちゃ
遊び終わったあとは、おもちゃを片づける。いつまでも出しておくと、好きなことばかりに時間をさいてしまう

ません。まずは、子どもが落ち着ける環境をつくりましょう。

生活する時間を見直そう

生活する空間について見直すことができたら、時間についても考えてみましょう。家族が規則正しい生活を実現できれば、子どもも自然とよい習慣を覚えていきます。

朝

みんなで起きる
朝はみんなで時間を決めて起きる。ぐずぐずしない。一体感が出て、集団生活を実感できる

昼

幼稚園、学校での生活

手伝いを頼む
保護者が家事や仕事をしているとき、なるべく子どもをひとりにしない。手伝いや話に参加させて、経験をつませる

夜

規則正しく寝る
夜更かしをすると、翌日の集中力低下やイライラを招く。家族全員で早めにパジャマに着替えるなど、早寝を習慣づける

きょうだいが遅くまで起きていると、それにあわせた生活になってしまう。いっしょに歯みがきをして、寝る習慣をつける

どうしても改善しない場合は入院を考える？

通院治療で効果が出ない場合には、入院させて環境を変えることを考える人もいるでしょう。しかし、AD／HDでは、入院治療はあまりおこなわれません。

入院を考慮するのは、衝動行為がはげしく、他の子どもとケンカをしてケガをさせてしまうことが、複数回におよんだ場合です。何度か注意しても改善しない場合には、専門家のもとで指導を受けることになります。

そうした症状がない場合は、子どもへの対応を変更したり、家庭や学校での環境を見直しながら、根気よく通院治療を続けていくほうがよいでしょう。

入院を考える状況

- 暴れることが多く、ケンカを止めきれない
- 衝動性が強く、他の子を傷つける恐れがある
- 多動性、不注意は入院の対象とならない

COLUMN

治療は、国によって違う？

日本では、まず対応の変更をする

AD／HDにはさまざまな治療法があります。そのなかから、いくつかの治療を組み合わせておこなっていくことが一般的です。

医師の考え方や患者さんの希望によって多少異なりますが、日本では、まず子どもへの対応を変え、環境を調整して、症状の改善をはかることが第一です。

それでもよくならない場合には、薬物療法をおこないながら、対応や環境の変更も並行して、様子をみます。

アメリカやオーストラリアでは、薬物療法がさかん

いっぽう、アメリカやオーストラリア、南アフリカなどでは、薬物療法が、日本よりも頻繁《ひんぱん》におこなわれています。

政府の認可を受けて保険適用の対象となっている薬だけでなく、他の薬も組み合わせて使い、薬物療法による症状の抑制に、大きな期待をかけている国や地域もあります。

ただし、それらの国では、薬物療法があまりにさかんになりすぎて、その是非を問う論議も起きています。

薬物療法に積極的でない国や地域もある

ヨーロッパには、アメリカと正反対に、薬物療法に慎重になっている国があります。それらの国々では、副作用や、長期使用による弊害《へいがい》を憂慮《ゆうりょ》して、薬の使用を控えています。

このように、AD／HDの治療については、国や人によってさまざまな考え方があります。だれかひとりに有効な方法が、他の人には効かない場合もあります。

ひとつひとつの情報に惑わされず、自分たちの受けている治療を理解して、信じて受けるようにしてください。

5

保護者の役割と教師の役割を知る

ＡＤ/ＨＤのある子どもが
すこやかに暮らしていくためには、
家族をはじめとする周囲の大人が、
障害について深く理解する必要があります。
家族はなにをすべきか、学校はなにをすべきか、
それぞれの立場で必要なことを知っておいてください。

ストーリー

自分の役割が、わかってきた

だいじょうぶですよ。これまで家族でがんばってきましたね

1 何人かのお医者さんと話をしているうちに、子どものことも、自分のやるべきことも、はっきりとわかってきました。

3 治療もしつけも、お医者さんの指示のとおりに正しいことをしているから、子どもが外出していても、むやみに不安を感じることはありません。

2 診断が出て、きちんと説明を受けたから、治療にも迷いなくのぞめます。

4 この気持ちを、先生や親戚、近所の人たちにも伝えたい。子どもがどんどん成長していることをわかってほしい。

だいぶ落ち着いたね

5 お医者さんに相談して、周囲の人にきちんと説明する方法を考えました。冊子や本をみせてもらいました。

この冊子《さっし》を先生方に
渡してください

6 子どもが暮らしやすい環境をつくりたい。そのために自分にできること、周囲にお願いすることがあれば、やっていきたいんです。

先生に、これだけは
お願いしたいんです

ＡＤ/ＨＤだというと、さけたがる人がいます。でも、まわりの大人がきちんと対応できれば、子どもが暮らしやすくなるんです。

保護者の役割

適切なほめ方、しかり方を知る

保護者の果たすべき役割は、なによりもまず、子どもを受け入れることです。子どものよい面に目を向けて、ほめて力を伸ばすことを考えましょう。

なによりも大切なのは子どもを肯定すること

ＡＤ／ＨＤのある子どもを育てるうえで、保護者がまず気にかけるべきことは、ほめ方です。

障害を抱えた子どもは、学習面や運動面で他の子に遅れをとることが多く、周囲から否定的な評価を受けがちです。そのとき、保護者さえも「なぜできないの？」と声をかけたら、子どもは自己否定の感情を抱いてしまいます。

保護者の役目は、子どもを肯定すること。よい面をほめたり、用事を頼んだりして、本人が長所を自覚できるように導いてください。しかるのは、本当に悪いことをしたときだけ。小さな失敗にめくじらをたてる必要はありません。

他の人の話を聞き、自分の子どもとくらべすぎないように注意

子どもとの接し方・鉄則5ヵ条

「こんなふうに成長してほしい」と理想像を描くのはよいことですが、それが極端になると、子どもを悩ませます。子どもは、なかなか思いどおりには成長してくれません。強制せず、いっしょにゆっくり歩むことが鉄則です。

1. 保護者の気持ちを強制しない
2. あいまいな言葉を使わない
3. 他の子とむやみにくらべない
4. 子どもの悔しさに共感する
5. 家族で目標をもって行動する

同じ悩みを抱える人と話しあう

医療機関や教育機関が、発達障害に悩む保護者同士の話しあいをもうけていることがあります。保護者が自主的に開催している場合もあります。こうした機会を利用して、対応のしかたを見直してみましょう。

指示を出すときは?

「がんばって」「きちんとして」「早くやろう」など、抽象的ないい方では、子どもに伝わりづらい。問題を何問とくのか、ものをどこにしまうかなど、具体的に指示を出すようにすると、子どもが混乱しない

しかり方は?

「どうして静かにできないの?」と、子どもを否定しない。「歩きたいんだね、でも電車を降りてからにしようね」と、子どもの気持ちを認めて諭す。ほめるときのシール（75ページ参照）を減点することも、よい方法

ほめ方は?

簡単なことでも、ひとりでできたらほめる。声をかけたり、手を握ったりして、わかりやすくほめるとよい。掃除や宿題ができたらシールを1枚プレゼントすると約束すると、子どもはそれを目標にして、努力を続けられる

子どもの興味をいかすには?

なにかひとつの教科に興味を示した場合はほめて、興味の対象をより深く学べるように教える。その教科を自分の長所と感じられれば、自信につながり、他の教科に対してもあきらめない姿勢でのぞめるようになる

かんしゃくを起こしたら?

教室や居間など、トラブルの原因がある場から離して、他の部屋や自室でしばらく休ませる「タイムアウト」をするとよい。ひとりでいることで気持ちが落ち着き、かんしゃくを起こしてはいけないことを理解できる

保護者の役割

保育園、幼稚園、学校になにを求めるか

発達障害があるとわかったら、先生に伝えることも考えましょう。事情を説明しないと、子どもが問題児とみられてしまうこともあります。

共通意識をもってもらうことが大事

保育園や学校の先生とのつきあい方を考えるとき、最優先すべきことは、子どもにとっての暮らしやすさです。

子どもが園や学校で誤解されたり、無用なトラブルに巻きこまれたりすることがないよう、先生に協力を求めましょう。事情を説明して、子どもの特徴を先生にも把握してもらいます。

先生に共通意識をもってもらうことで、子どもへの接し方に一貫性が出て、治療にもよい効果があらわれます。また、学校での様子を報告してもらえれば、子どもの症状を、より正確に知ることもできます。

協力者になってもらおう

医師に相談して、AD/HDと診断されたり、その可能性が高いと考えられる場合は、学校の先生にも事情を説明したほうがよいでしょう。治療を効果的に進めるためには、学校の協力が必要です。

医師
学校に伝えたほうがよいかどうか、まず医師に相談
治療についての説明
子どもの成長を報告
先生
医師の指示にしたがって、必要であれば協力を頼む

先生の協力があれば、学校での様子をくわしく報告してもらうことができる

園や学校には打ち明けたほうがよい？

誤解をさけるために、ある程度は伝えたほうがよいでしょう。悪気があって歩き回るのではないことを説明し、どんなしかり方をしてほしいか、伝えます。ただし、打ち明ける相手は障害をよく理解している先生にします。反抗しやすい、薬物が必要など、相手を心配させることはいわなくてもかまいません。

他の子の親とトラブルになっても、先生が間に入れば話がこじれない

保育園

朝から夕方すぎまで子どもをみてもらうことになり、担当の先生もひとりではないので、関係する人全員に説明し、園での様子を聞く

担任の先生

小学校の担任教諭には、くわしい事情を説明する。座席の配置や指導法にもかかわるので、できるかぎり協力を求める

幼稚園

担当の先生には、接し方を知っておいてもらう。園での様子も聞く。他の先生たちにも、しかり方など注意点を伝える

教育相談

園や学校とのつきあい方に悩んだら、教育相談機関を利用するのもよい。そうしたトラブルの対処法を聞ける

学校

特別支援学級の担当者やスクールカウンセラーなど、学校には担任以外にも相談相手がいる。必要に応じて、協力を求める

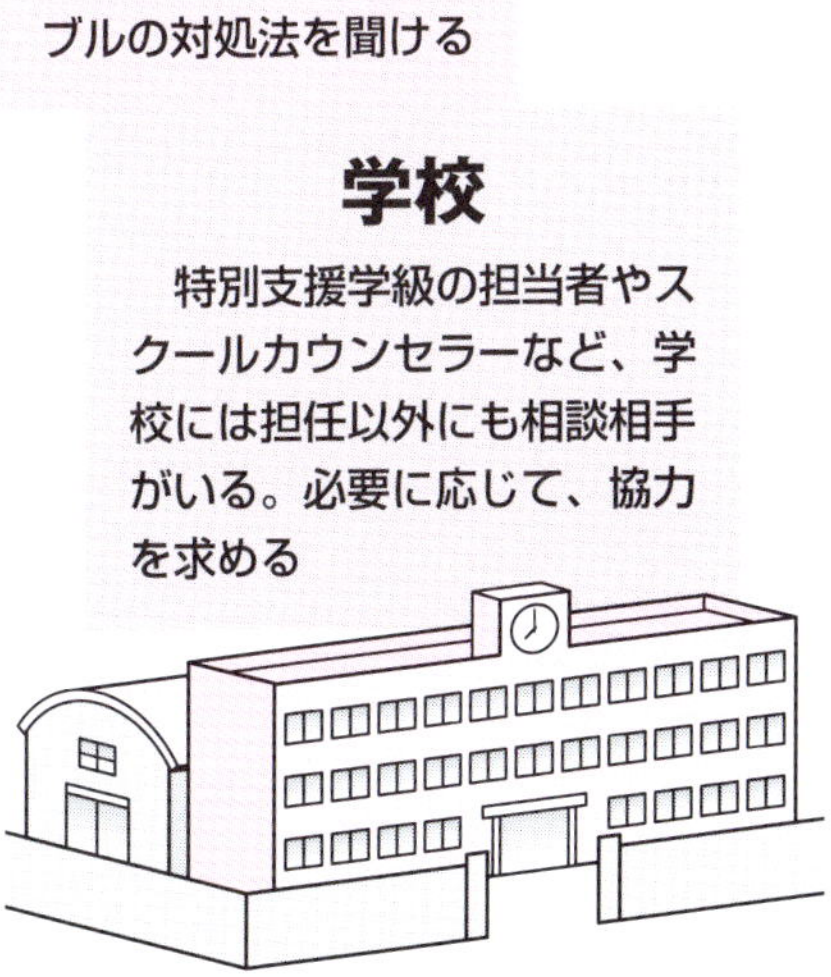

転校によって改善することもある？

子どもが学校生活から多大な影響を受けていることは事実です。しかし、だからといって、障害の原因が学校にあるとまではいえません。原因の中心は、あくまでも脳の機能不全です。それ以外の要素がどの程度影響しているか、くわしいことはわかっていません。

転校をしても、新しい環境が症状を軽減してくれる保証はありません。そうした不確かな手段に治療効果を期待するのは、やめましょう。それよりも、症状を冷静にみて、対応を変えたり、医師に相談することを考えてください。

保護者の役割

きょうだいにも注意を向ける

AD／HDのある子どもにきょうだいがいる場合、両者への接し方をどのように変えたらよいのでしょうか。

大事なのは、くらべないこと

きょうだいのどちらかひとりにだけAD/HDがある場合、どうしても接し方に違いが出てしまいます。そのとき、きょうだいの行動をくらべてしかると、やっかみのもとになるため、さけてください。

○ 両者をくらべない

●家族全員いっしょに行動する

●異なる運動や習い事をさせる

●どちらの子とも、1対1で話す機会をもうける

AD/HDのある子が衝動的に手を出した場合でも、結果としてケンカをしたのなら、ふたりをしかる

× どちらかをひいき

●AD/HDの対応に専念、他の子は放任主義

●AD/HDのある子を個室で世話をする

●順番待ちでいつもAD/HDのある子を優先する

ひとりっ子の場合は？

ひとりっ子の場合は、くらべることがないため、その点では問題がありません。しかし、ひとりだからこそ甘やかしてしまうという、別の問題が起きてきます。

世話をやきすぎると、がまんすることや、自分で作業することを覚えられません。過保護《かほご》にならないよう注意し、友達と接する機会をたくさんもうけましょう。

対抗意識をもたせないようにする

きょうだい間で切磋琢磨《せっさたくま》するのもよいものですが、AD／HDがある場合は、対抗意識をあおるのは、よくありません。ケンカの原因になり、衝動性に火をつけることになるからです。

対抗させるのではなく、きょうだいが理解しあえるように、話をしましょう。AD／HDのある子には自立をうながし、もうひとりには、協力を求めます。

年長のきょうだいには協力を求める

AD／HDのある子がきょうだいとの会話ややりとりでコミュニケーションを学び、成長していくことは、症状を改善するために、おおいに役立ちます。

きょうだいがいっしょにいる機会を増やして、部屋の片づけから勉強のしかた、礼儀、マナーまで、互いにさまざまなことを教えあえるような環境をつくりましょう。

互いに協力してもらう

AD/HDのある子は、できるかぎり多く、人とコミュニケーションをとることが大事です。その経験が、症状を軽減する助けになります。きょうだいと毎日顔をあわせて、いっしょに遊べることは、よい機会です。

年齢差がある場合

年の離れた兄・姉には、やはりサポートを頼む。弟・妹ができた場合は、AD/HDのある子が教える側にまわるため、お兄さん・お姉さんとしてがまんすることや、話して聞かせる力を身につけるチャンスになる

きょうだいとの遊びは、社会勉強のよい機会になる

年下

どこの家庭にもあることだが、勉強、運動を自慢したり、くらべないように注意する。AD/HDの特徴を教える

年上

年長者には治療のサポートを頼む。症状や対応のポイントを伝えて、教え方を覚えてもらう

地域

「キレやすい子」じゃないと理解してもらう

AD/HDの症状は、表面的に見ると「怒りっぽい性格」と映るかもしれません。周囲が抱いている誤解を解くことも、保護者の役割のひとつです。

二次症状を防ぐために周囲の理解が必要

AD/HDは誤解されやすい障害です。しつけが悪い、性格のせいだと誤解されて、さらなるトラブルを招き、子どもの心身に二次症状が生じることがあります。

代表的な問題には、不安や恐怖がつのるコミュニケーション障害や気分障害、周囲への反発を抱く反抗挑戦性障害などがあります。いずれも、心理面への負担から生じる症状です。

これらの障害を防ぐために、子どもの悩みを解消しましょう。周囲の人々に事情を説明し、誤解を解くことが、保護者の役割です。根気のいることですが、子どもの成長のために欠かせません。

地域社会はAD/HDを改善する力をもっている

発達障害は、生活環境の影響を受けやすい障害です。家庭や学校はもちろんですが、地域社会でどんなコミュニケーションをとるかによっても、子どもの成長ぶりが変わってきます。

生活環境・地域社会

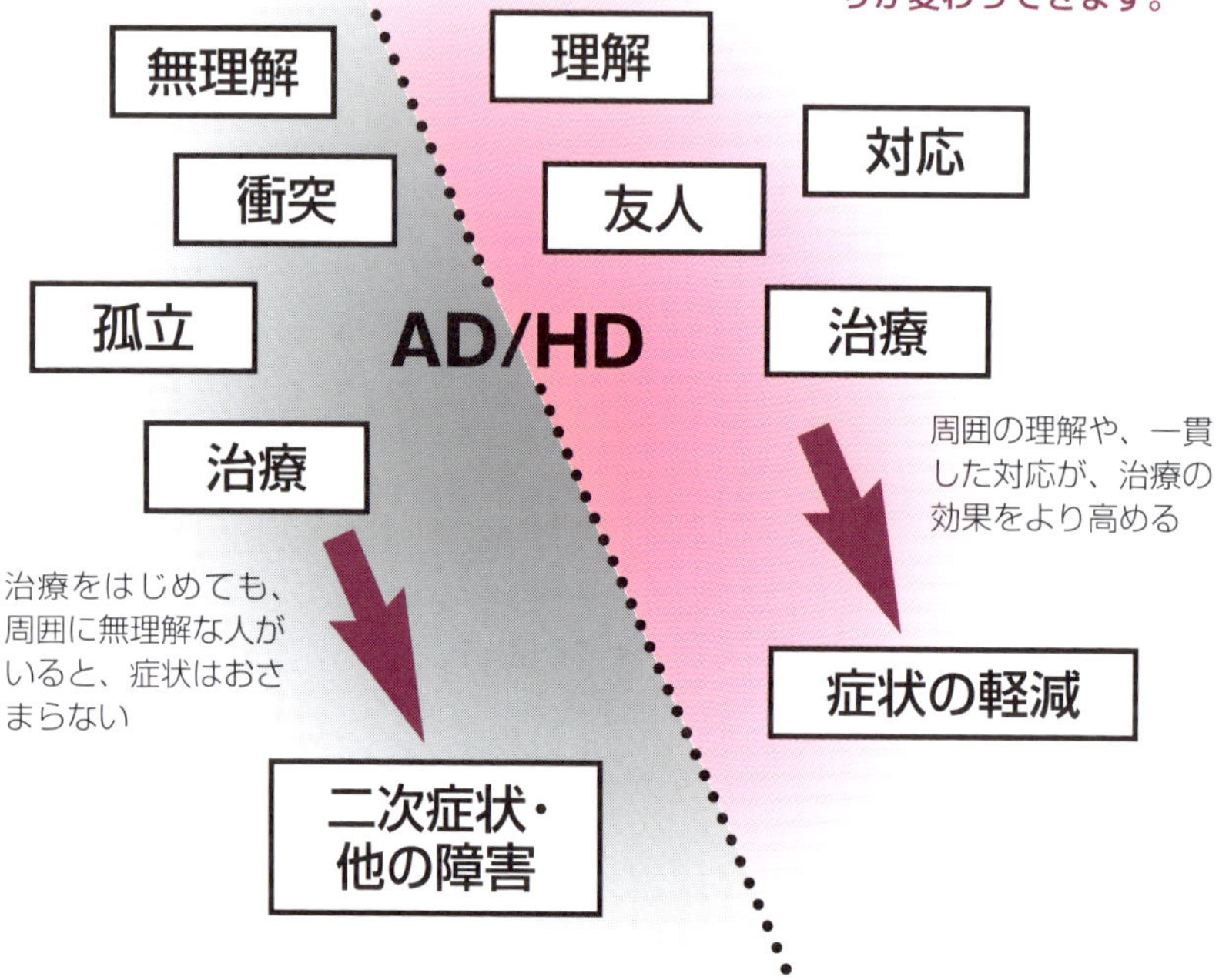

無理解
衝突
孤立
治療
AD/HD
理解
友人
対応
治療
周囲の理解や、一貫した対応が、治療の効果をより高める
治療をはじめても、周囲に無理解な人がいると、症状はおさまらない
二次症状・他の障害
症状の軽減

誤解・質問には こうやって答えよう

AD/HDを知らない人には、衝動性の強い子はキレやすい問題児にみえるでしょう。誤解をそのままにしておくと、暮らしにくい環境ができてしまいます。疑いのまなざしを感じたら、できるかぎり説明しましょう。

しつけが悪いんじゃないの?

発達障害の原因は、しつけではありません。症状の強さにはしつけも影響してきますが、それも一因にすぎません。しつけや子どもの性格が問題なのではなく、脳の機能不全であり、対処はできると説明します。

病気なら入院したほうがいいんじゃ……

発達障害であることを説明します。生活習慣の変化で改善するものだと理解してもらいましょう。入院治療を必要とするのは緊急時や家庭での対処が難しい場合だけで、自分たちは問題がないことを伝えます。

危なっかしくて、つきあっていられない

衝動的に手を出してしまうことは、確かにあります。悪気はありませんが、障害のせいにして責任逃れをせず、謝罪しましょう。子どもには、暴力はいけないことだと、根気よく伝えていきます。

特別《とくべつ》支援《しえん》学級《がっきゅう》、通級でゆっくり勉強しては?

特別支援学級とは、発達障害のある子どもなどが通う少人数のクラスです。通常学級に在籍しながら、並行して通えます。平成19年から導入されたシステムで、通常の授業と支援教育の連携が期待されています。利用を考えてみてもよいでしょう。

家にいるときはいつもいい子だということを、わかってもらおう

教師の役割

勉強に集中できる環境づくり

ＡＤ／ＨＤに悩む子どもが暮らしやすい社会をつくるために、学校の負う責任は、小さくありません。教室の使い方にも、注意が必要です。

環境がよければ多動は減る

子どもを受け入れる学校には、保護者がになう役割とは違う、学校としての役割があります。

もっとも大事なのが、ＡＤ／ＨＤの症状と治療法を理解することです。子どもが静かに座っていられないことの原因を知っている場合と、そうでない場合では、対処法に大きな違いが出ます。

障害のことを理解できたら、それを教育にいかしていくことも大切です。

教室のつくりを見直して、不注意のもとになるものをとりのぞいたり、席順に気を配ったりして、子どもが暮らしやすくなるよう、環境をととのえましょう。

勉強に集中できる環境がととのえば、問題なくすごせる

子どもとの接し方・鉄則5カ条

子どもにとって、幼稚園や学校で先生とともにすごす時間は、大きな意味をもちます。得意分野をみつけて自信をつけるか、それともトラブルにあって社会に不安を感じるか、学校での経験が、子どもの発達に影響します。

1. 問題児と決めつけない
2. 興味や関心をのばす
3. 問題やテストで無理をさせない
4. 特別扱いをしない
5. しかり方を工夫する

①席は前の真ん中に

後ろの席に座ると、他の子の動きが目に入りやすく、ちょっかいを出すことが多くなる。窓際では外のものに目をうばわれ、集中力が切れやすい。それらはさける

②黒板を活用する

黒板に図を書いたり、文字を書いたりして、勉強の内容を、視覚にうったえるように説明する。書きとるのが遅い子がいたら、少し待ちながら進める

③授業に道具を使う

カードや道具を使ったり、大きな定規で角度を示したりして、問題をより実感しやすいように工夫する

④もち物は少なくする

多くのものを使いわけるよう要求すると、混乱のもとに。ノートを全教科統一の１冊にしたり、しまう場所を決めて、もち物を使いやすくする

注意力をうばうものをとりのぞく

先生の立場から、子どものためにできることのひとつが、教室の環境をととのえることです。注意力低下を招く遊び道具をしまったり、貼り紙を必要最低限のものにして、集中しやすい部屋にします。

⑤テスト中は近くで見守る

テストやプリントの問題を解く時間は、子どもが問題に集中できるよう、そばで見守る。歩きそうになったら、声をかけて集中をうながす

教師の役割

ケンカやいじめのきっかけをなくす

発達障害のある子は、運動や遊びを苦手とするため、孤立しやすくなります。友達との間にトラブルが起きないよう、指導しましょう。

トラブルのもとは誤解である場合が多い

ＡＤ／ＨＤのある子どもは、授業中に立ち歩いたり、衝動的にものを壊したり、嘘《うそ》をついたり、他の子どもにとって理解しづらい行動をとることがあります。

こうした行動が続くと、周囲にこわがられ、仲間はずれやいじめの対象になってしまいます。逆に他の子に暴力をふるって、いじめる側にまわることもあります。

対応の変更と、適切な指導をおこない、不可解な行動を減らしましょう。また、他の生徒の理解をえることも必要です。子ども同士の衝突を減らすことが、いじめやケンカなどのトラブルを防ぐことにつながります。

こんなことがきっかけに

発達障害の有無にかかわらず、子ども同士の小さなくい違いは、見逃さないようにしてください。それをきっかけにケンカが起きたり、いじめのような問題に発展することがあります。

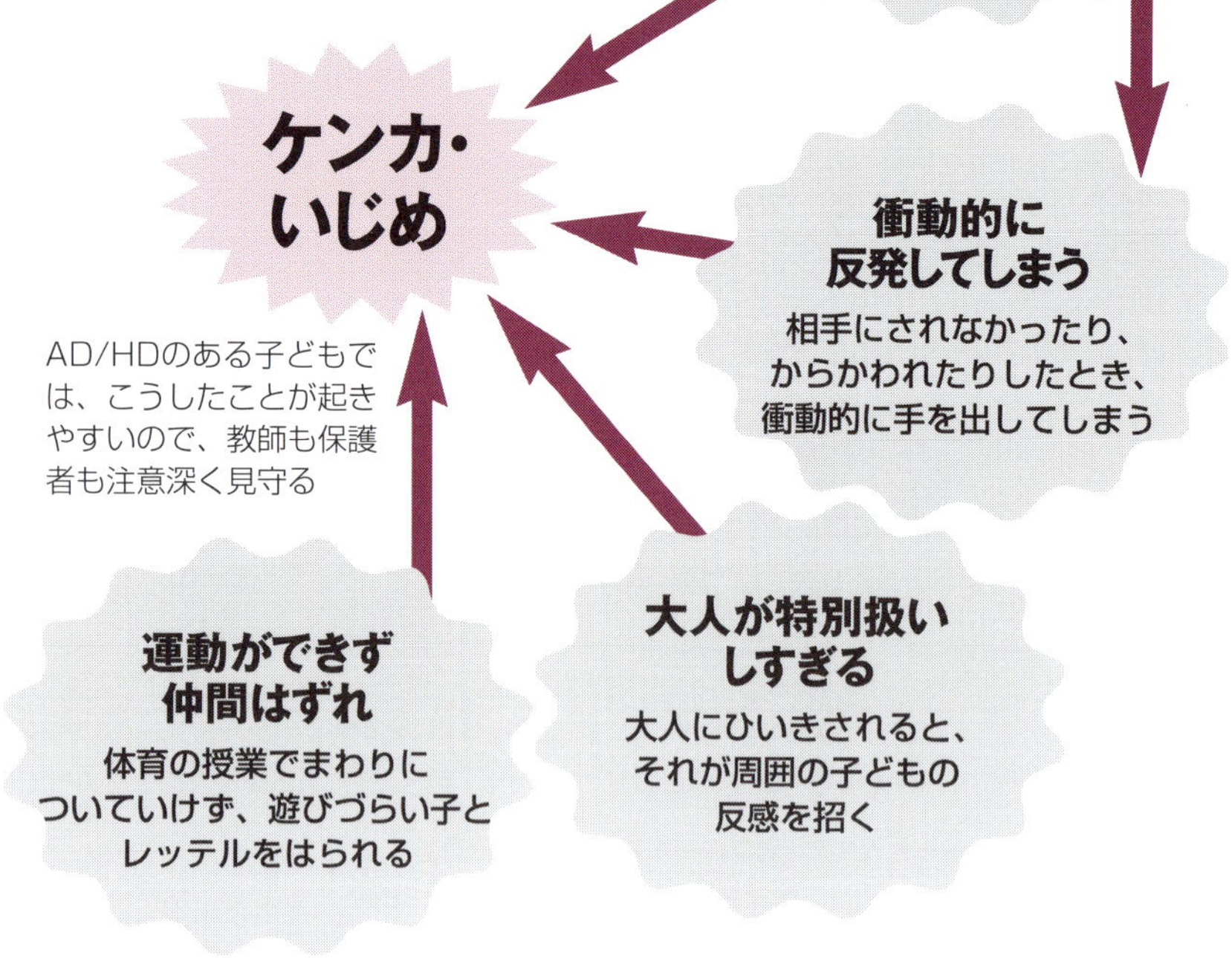

成績や言葉づかいをからかわれる
学習障害や言葉の遅れを指摘されたり、からかわれて、イライラがつのる
衝動的に反発してしまう
相手にされなかったり、からかわれたりしたとき、衝動的に手を出してしまう
ケンカ・いじめ
AD/HDのある子どもでは、こうしたことが起きやすいので、教師も保護者も注意深く見守る
運動ができず仲間はずれ
体育の授業でまわりについていけず、遊びづらい子とレッテルをはられる
大人が特別扱いしすぎる
大人にひいきされると、それが周囲の子どもの反感を招く

経験をつんで社会性を養う

ＡＤ／ＨＤのある子どもが、クラスにとけこむための手助けとして、クラス内の係を任せる方法があります。

朝のあいさつを告げる号令係や、みんなにプリントを配る係、教室の貼り紙を管理する係など、クラス全体にかかわる役割を与えます。

係の仕事をこなすなかで、周囲の生徒とコミュニケーションをとるため、集団にとけこみやすくなります。

また、仕事をがんばる姿をみせれば、クラスのみんなからの信頼もえられるでしょう。子どもの社会性が育ちます。

- 掃除当番
- 図書係
- 行事の手伝い
- プリントを配る
- 家事を分担

うまくいかないときこそ経験をつませるチャンス

子ども同士がケンカしてしまったとき、クラス替えや席替えで当事者を離しても、問題は解決しません。お互いにどこが悪かったのか、反省してもらうことが大事です。

どちらの子どもにとっても、社会勉強のよい機会になる。大人も、どちらかをひいきしないよう、気をひきしめる

社会性を身につけるチャンス

症状が軽くなるまでは、周囲と衝突するのはしかたがないこと。人間関係を学ぶチャンスとして、根気よく人づきあいを続けるよう諭す

他の人との違いや共通点を認識するチャンス

人それぞれ得意なことは違うのだから、苦手なことをからかってはいけないと教える。また、自分がされていやなことは人にしてはいけないと伝える

教師の役割

子どもに話しかけるときの注意点

教師の立場では、保護者が子どもに話しかけるときとは、別の注意が必要です。とくに勉強の教え方に気を配りましょう。

「しかる」ことよりも「止める」ことを優先

教師として子どもに話しかけるときの注意点は、基本的には保護者の話し方と変わりません。

できるだけ多くほめて、しかることを減らします。しかる場合も、怒鳴るのではなく、よくない行動を止めることを第一に考えます。

しかし、それ以外に、教師にとくに求められることもあります。勉強の教え方に関する注意です。ＡＤ／ＨＤのある子どもは、ＬＤを併発していることが多く、その場合は読み書きや計算を基礎から教える必要があります。簡単なことができないからとむやみにしからず、初歩的なことから丁寧に教えていきます。

教え方、ほめ方、しかり方を知る

あまり細かく気にしすぎる必要はありませんが、話しかけるときの基本的な注意点は頭に入れておいたほうがよいでしょう。はげしくしからないことがポイントです。

教える

具体的に指示を出す。「時計の針が12にくるまで座っていて」「白線まで、3回走るよ」など、みて理解できることを、短い言葉で伝える

教えた結果、行動が変わるかどうかをみて……

しかる

教えたことをできなかったら、課題を少し簡単にすることを考える。途中で投げ出したり騒いだ場合は、少しがまんしようと、いい聞かせる

ほめる

教えたとおりにできたときは、声をかけてほめる。結果として失敗でも、途中によくできた部分がないか探し、そこをほめるのもよい。「あと2分だった」「2回できたよ」など、できたことを認める姿勢が大事

子どもはみんな、ほめられてのびる

ほめたあとに要注意

子どもは、言葉でほめられても、いやな思いをすれば、ほめられた気になりません。ほめられたあとに、すぐに次の課題を出されたり、いつまでもがまんさせられたりすると、自分がよいことをしていると感じられないのです。

ほめる

○ **遊びや運動を許す**

課題や作業をうまくできたら、その後は子どもの好きなことをやらせる。よいことをすると、よいことが待っていると思えるようになる

× **より難しい課題を出す**

「ひとつの課題をこなせたから、予定外だけど次も……」と考えるのはよくない。最初に立てた目標ができたら、そこでひと段落にする

しかる

○ **なにもしないか、ひとりにする**

短い言葉でいい聞かせた後、ひとりで考えさせるとよい。悪いことをすると、かまってもらえないと感じて、努力するようになる

× **遊びやごほうびで機嫌をとる**

子どもがしかられて傷ついたと考えて、しかったあとにちやほやするのはさける。悪いことをすると、かまってもらえると思いこんでしまう場合がある

予定外の課題を出されると、次からがんばるのはやめようと考えてしまう

暴れる子を力ずくで止めたら、それは体罰《たいばつ》？

ＡＤ／ＨＤのある子が走り回ったり、暴れようとしたら、まずは声をかけて止めましょう。毅然《きぜん》とした態度で「走ってよかったんだっけ」などと指摘します。

言葉で注意しても動き続けてしまう場合には、体を使って止めることも考えます。子どもが暴れることで、本人の体が危険にさらされたり、他の子を傷つける可能性があるなら、力ずくで止めます。

しかるときに罰として子どもをたたいたり、なんでもかんでも力ずくでおさえつけるのは、よくありません。しかし、危険をさけることは大切です。

ケガや危険があるときは、はっきりと声をかけて言葉で止める

学校

スクールカウンセラーに相談する

全国一万以上の小学校に、スクールカウンセラーが派遣《はけん》されています。心のトラブルについて、どのようなケアが受けられるのでしょう。

専門知識をもった、頼もしい存在。学校にいるため相談しやすい。保護者も子どもも緊張せずに話ができる

学校の中の相談窓口

スクールカウンセラーは、心のトラブルの専門家です。小学校の職員として働いています。保護者や先生が、教育のしかたについて悩んだとき、相談相手になってくれます。

スクールカウンセラー

保護者や子ども、先生の話を聞き、専門知識を使って対策を提案する。臨床心理士の資格をもっている非常勤職員が務めている場合が多い

■スクールカウンセラーの役割

コンサルテーション
（保護者や先生との相談）

コーディネーション
（教育に関する助言、指導）

校内には、たくさんの協力者がいる

スクールカウンセラーは、簡単にいうと、学校内でカウンセリングをしてくれる人です。学校には他にも、担任の先生や養護教諭《ようごきょうゆ》など、悩みの相談にのってくれる人がたくさんいます。

また、特別支援学級のシステムも、確立しつつあります。通常授業と並行して支援教育のための授業をもうけ、障害をもつ子どもが自分のペースで勉強できるよう、サポートします。

学校関係者は、AD／HDに悩む家族にこれらのシステムを説明するとともに、医師や教育機関と連携して、治療を支援していく必要があります。

さまざまな支援態勢と連携している

心のトラブルを解決するために頼りになるのは、スクールカウンセラーだけではありません。養護教諭や特別支援学級のシステム、教師や医師など、さまざまな大人が、子どものすこやかな成長の支えとなっています。

医師

子どものまわりの人からの報告を受け、治療法を随時、見直していく

教師・学校

スクールカウンセラーと相談をくり返し、子どもへの接し方を考えていく

養護教諭

子どもがストレスから体調をくずしたり、落ち着かないときに頼りになる

家族

関係者みんなが協力しあえば、子どもは不安なく暮らしていける

保育士

教育機関

教師や保護者など、当事者同士でトラブルが起きた場合に、第三者として相談窓口になる

特別支援学級

通常の授業だけでは勉強が難しい場合に、週に数時間、少人数授業を受けられるシステム。学校によって決まりが違う

保護者

関係者が同じ情報を共有できるよう、状況説明をひんぱんにおこなう

スクールカウンセラー

通級の役割は?

言語《げんご》障害《しょうがい》や難聴《なんちょう》など、心身に軽度の障害をもつ子どものための授業をおこなうことを、通級《つうきゅう》指《し》導教《どうきょう》育《いく》といいます。

通級では、障害に応じた指導を受けることができます。週に数時間ですから、それ以外の時間は通常の授業を受けます。通常の授業だけではたりないぶんを補うための教育制度です。

ストーリー

ゆっくりだけど、進んでいる

ここは待たなきゃ
いけません

1 長男は、言葉も決まりごとも、以前よりわかってきたみたいです。妹にマナーを教えたり、いっしょに勉強したりしています。

2 学校の先生も、子どものよいところに目を向けてくれるようになりました。先生も以前は、どう対処していいか悩んでいたようです。

うん、上手に
かけているね

3 歩みはゆっくりだけど、私たちは正しい方向に進んでいます。少しでも成長がみてとれると、それがうれしくて、がんばるための力になります。

不安が減ると、すべてが好転しました。なにもかも解決したわけではありませんが、AD/HDと真剣に向きあって、よかったと思います。

■監修者プロフィール
市川宏伸（いちかわ・ひろのぶ）
1945年生まれ。日本発達障害ネットワーク理事長。東京大学大学院薬学研究科修士課程修了、北海道大学医学部卒業。東京医科歯科大学神経精神科での研修をへて、82年より東京都立梅ヶ丘病院勤務。同病院副院長、同病院院長、東京都立小児総合医療センター顧問などを歴任。
監修書に『子どもの心の病気がわかる本』（講談社）、監訳書に『ＡＤＨＤ注意欠陥・多動性障害　親と専門家のためのガイドブック』（東京書籍）、編著書に『臨床家が知っておきたい「子どもの精神科」』（医学書院）、『知りたいことがなんでもわかる子どものこころのケア』（永井書店）、著書に『思春期のこころの病気』（主婦の友社）などがある。

●編集協力
オフィス201
坂本弓美
●カバーデザイン
松本　桂
●カバーイラスト
長谷川貴子
●本文デザイン
勝木雄二
●本文イラスト
植木美江
千田和幸

健康ライブラリー　イラスト版

AD/HD（注意欠陥《ちゅういけっかん》/多動性障害《たどうせいしょうがい》）のすべてがわかる本《ほん》

2006年5月10日　第１刷発行
2023年9月５日　第20刷発行

監　修　市川宏伸（いちかわ・ひろのぶ）
発行者　髙橋明男
発行所　株式会社講談社
東京都文京区音羽二丁目12-21
郵便番号　112-8001
電話番号　編集　03-5395-3560
販売　03-5395-4415
業務　03-5395-3615
印刷所　凸版印刷株式会社
製本所　株式会社若林製本工場
N.D.C 493　98p　21cm

© Hironobu Ichikawa 2006, Printed in Japan

定価はカバーに表示してあります。

落丁本・乱丁本は購入書店名を明記のうえ、小社業務宛にお送りください。送料小社負担にてお取り替えいたします。なお、この本についてのお問い合わせは、第一事業本部企画部からだとこころ編集宛にお願いいたします。本書のコピー、スキャン、デジタル化等の無断複製は著作権法上での例外を除き禁じられています。本書を代行業者等の第三者に依頼してスキャンやデジタル化することは、たとえ個人や家庭内の利用でも著作権法違反です。本書からの複写を希望される場合は、日本複製権センター（TEL03-6809-1281）にご連絡ください。Ⓡ＜日本複製権センター委託出版物＞

ISBN4-06-259404-8

■参考文献

『子どもの心の病気がわかる本』
市川宏伸・監修（講談社）
『思春期のこころの病気』
市川宏伸・著（主婦の友社）
『臨床家が知っておきたい「子どもの精神科」』
佐藤泰三／市川宏伸・編（医学書院）
『ＡＤＨＤ臨床ハンドブック』
中根晃・編（金剛出版）
『ＤＳＭ－Ⅳ、精神疾患の診断・統計マニュアル』
高橋三郎／大野裕／染矢俊幸・訳（医学書院）

講談社　健康ライブラリー　スペシャル／イラスト版

知的障害／発達障害のある子の育て方

徳田克己、水野智美　監修

「これから」に備えて「いま」できること。子どもの育ちを促すためのヒントが満載！

ISBN978-4-06-519309-9

発達障害がよくわかる本

信州大学医学部子どものこころの発達医学教室教授
本田秀夫　監修

発達障害の定義や理解・対応のポイント、相談の仕方、家庭と学校でできることを、基礎から解説。

ISBN978-4-06-512941-8

15歳までに始めたい！　発達障害の子のライフスキル・トレーニング

早稲田大学教育・総合科学学術院教授
梅永雄二　監修

健康管理、進路選択、対人関係など、10種類の生活面のスキルの磨き方。大人になってから困らないために、今から取り組もう！

ISBN978-4-06-259698-5

自閉症スペクトラムがよくわかる本

信州大学医学部子どものこころの発達医学教室教授
本田秀夫　監修

原因・特徴から受診の仕方、育児のコツまで、基礎知識と対応法が手にとるようにわかる！

ISBN978-4-06-259793-7

発達障害の子の立ち直り力「レジリエンス」を育てる本

藤野博、日戸由刈　監修

失敗に傷つき落ちこんでしまう子どもたち。自尊心を高めるだけではうまくいかない。これからの療育に不可欠なレジリエンスの育て方。

ISBN978-4-06-259694-7

発達障害の子どもの実行機能を伸ばす本

NPO法人えじそんくらぶ代表
高山恵子　監修

子どもの自立を考えるなら、まず実行機能を理解し伸ばそう。サポートのコツは「相性」。

ISBN978-4-06-523128-9

発達障害の子どもに自立力をつける本

NPO法人えじそんくらぶ代表
高山恵子　監修

心理的自立から進学・就労の準備まで思春期の子どもに今、親ができること。

ISBN978-4-06-527659-4

LDの子の読み書き支援がわかる本

尚絅学院大学総合人間科学系教授
小池敏英　監修

ひらがな・カタカナ・漢字・文章……苦手はなに？悩みにあわせて選べる12種類の支援法を紹介。

ISBN978-4-06-259807-1